KONJUNKTUR UND REGION

CARSTEN-HENNING SCHLAG (HG.)

KONJUNKTUR UND REGION

AUSGEWÄHLTE PROBLEME DER REGIONALEN KONJUNKTURFORSCHUNG

PETER LANG
Bern · Berlin · Bruxelles · Frankfurt am Main · New York · Oxford · Wien

BIBLIOGRAFISCHE INFORMATION DER DEUTSCHEN BIBLIOTHEK
Die Deutsche Bibliothek verzeichnet diese Publikation in der Deutschen Nationalbibliografie; detaillierte bibliografische Daten sind im Internet über ‹http://dnb.ddb.de› abrufbar.

Cover Design: Eva Rolli, Peter Lang Bern

ISBN 978-3-03911-259-3

Hochfeldstrasse 32, Postfach 746, CH-3000 Bern 9
info@peterlang.com, www.peterlang.com, www.peterlang.net

Inhaltsverzeichnis

Vorwort

Am 2. Dezember 2004 veranstaltete die Konjunkturforschungsstelle Liechtenstein (KOFL) zum ersten Mal die „Liechtensteiner Konjunkturgespräche". Die Konjunkturforschungsstelle bestand zu diesem Zeitpunkt knapp sieben Monate, nachdem sie im Mai 2004 als Kompetenzzentrum für volkswirtschaftliche Fragestellungen das Fürstentum Liechtenstein betreffend gegründet worden war. Die an der Hochschule Liechtenstein durchgeführte Veranstaltung bestand aus zwei Teilen: Der erste Teil umfasste eine wissenschaftliche Kerntagung zum Thema „Regionale Konjunkturanalysen und -prognosen: Ein neuer Bereich der Konjunkturforschung". Im zweiten Teil der Konferenz wurde der Fokus explizit auf die liechtensteinische Volkswirtschaft gerichtet. Nach einem einführenden Referat von Dr. Hubert Büchel, Leiter des Amtes für Volkswirtschaft, fand die Präsentation der ersten KOFL Konjunkturanalyse und -prognose für die liechtensteinische Volkswirtschaft statt. Damit kam die KOFL ihrem Auftrag nach, für die Regierung des Fürstentums Liechtenstein einmal im Jahr eine Konjunkturprognose vorzulegen.

Zur Kerntagung waren sechs renommierte Wissenschaftler und Wissenschaftlerinnen aus Deutschland, der Schweiz und Polen eingeladen, die sich in ihren Referaten mit verschiedenen Problemen der regionalen Konjunkturforschung auseinander setzen. Dabei zeigte sich, dass in der aktuellen Makroökonomie die Region, im Sinne subnationaler bzw. kleinräumiger Wirtschaftseinheiten zunehmend zum Forschungsgegenstand wird. Die auf Regionen bezogene Konjunkturforschung verbindet Ansätze der klassischen, d.h. nationalen Konjunkturanalyse mit Erkenntnissen aus der Regionalökonomie und entwickelt auf dieser Grundlage ein Instrumentarium, das es erlaubt, Konjunkturanalysen und -prognosen für kleine Wirtschaftsräume zu erstellen. Der Analyse von räumlichen Interdependenzen, Spillover sowie Pendlerbewegungen und Migration kommt in diesem Zusammenhang eine besondere Bedeutung zu.

In den vorliegenden Tagungsband sind sechs Referate aufgenommen, von denen fünf im Rahmen der wissenschaftlichen Kerntagung anlässlich der Liechtensteiner Konjunkturgespräche 2004 gehalten worden sind. Erweitert ist der Tagungsband um einen von mir verfassten Beitrag zur spezifischen Struktur des Fürstentums Liechtenstein als Kleinstvolkswirtschaft. Auf der Basis aktuell verfügbarer Wirtschaftsdaten werden die Entwicklungen der Beschäftigung und der Wertschöpfung in Liechtenstein aufgezeigt. Unterschieden werden hierbei die Ebene der Sektoren, der Wirtschaftsbereiche und der Branchen. Der Auftakt zur wissenschaftlichen Kerntagung bildete das Referat von *Prof. Dr. Ansgar Belke* von der Universität Duisburg-Essen. Es basiert auf einem gemeinsam mit Jens M. Heine verfassten Beitrag, der den Zusammenhang von regionalen Beschäftigungszyklen und sektoraler Wirtschaftsstruktur zum Gegenstand hat. Anhand einer ökonometrischen Analyse für ein Panel von 30 europäischen Regionen für den Zeitraum 1989 bis 1996 zeigen die Autoren, dass das Beschäftigungswachstum in den Regionen einen um so deutlicheren Gleichlauf aufweist, je ähnlicher die sektorale Wirtschaftsstruktur in den jeweiligen Regionen ist. *PD Dr. Michael Graff* von der KOF ETH Zürich geht in seinem Referat auf das Konzept des internationalen Konjunkturverbundes ein. Anhand der Kapazitätsauslastung und unter Verwendung der Hauptkomponentenanalyse nimmt Graff eine international vergleichbare Bestimmung der konjunkturellen Position eines Landes vor. Dieses Analyseschema wird auf ein Datenset von 26 Industrieländern für einen Zeitraum von 1960 bis 2003 angewendet. Frau *Dr. Sara Carnazzi Weber*, Leiterin Regionalanalysen bei der Credit Suisse, stellt in ihrem Beitrag ein regionales Konjunkturbarometer für die Schweizer Kantone vor. Es ermöglicht, die einzelnen Regionen vor dem Hintergrund der nationalen Konjunkturentwicklung zu positionieren. Zur Konstruktion des vierteljährlichen Konjunkturbarometers als Sammelindikator auf der Grundlage verschiedener Variablen wird das Verfahren der Hauptkomponentenanalyse herangezogen, welches mit Diffusionsindizes ergänzt wird. Die Messung der Outputlücke auf der Basis von Umfragedaten steht im Mittelpunkt des Artikels von Frau *Dr. Renata Grzęda Latocha* von der Universität Lodz. Im Vergleich zur traditionellen Vorgehensweise – Messung der Outputlücke anhand der Relation von realem Bruttoinlandprodukt und Potentialoutput – liefert die von Frau Latocha dargestellte Methode neue Einsichten bezüglich des Verlaufs der Konjunkturzyklen im Euro-Raum. Am Beispiel des Fürstentums Liechtenstein gibt *Fredy Hasenmaile* von der Credit Suisse in seinem Referat einen Überblick über die Bestandteile einer Regionalanalyse, wie sie sich in der Praxis der volkswirtschaftlichen Beratung durch eine Grossbank herausgebildet haben.

Mein Dank geht an alle Tagungsteilnehmerinnen und Tagungsteilnehmer, die durch ihre Referate und den anschliessenden konstruktiven Diskussionen zum Gelingen der Konferenz beigetragen haben. Von der Hochschule Liechtenstein möchte ich im Besonderen Herrn Rektor Klaus Näscher für die Unterstützung bei der Durchführung der Tagung danken. Frau Eva Santner und Herr Sandro D'Elia, ehemaliger studentischer Mitarbeiter der KOFL, haben die Organisation vor Ort umsichtig betreut und damit sehr zum Gelingen der Veranstaltung beigetragen. Herr Andreas Brunhart, Projektmitarbeiter der KOFL, hat das Manuskript für diesen Tagungsband zusammengestellt und einzelne Beiträge sorgfältig Korrektur gelesen. Die Durchführung der Liechtensteiner Konjunkturgespräche 2004 und der vorliegende Tagungsband wären ohne die Unterstützung durch meine Frau – Dr. Kersten Kellermann – nicht möglich gewesen. Ich danke ihr für das nicht versiegende Interesse, das sie der Arbeit der KOFL entgegenbringt und die anregenden Diskussionen zu allen organisatorischen und inhaltlichen Fragestellungen.

Carsten-Henning Schlag Vaduz, August 2007

Carsten-Henning Schlag*

Strukturelle Charakteristika der Kleinstvolkswirtschaft Liechtenstein

Das Fürstentum Liechtenstein ist eine Kleinstvolkswirtschaft mit spezifischer Struktur. Der vorliegende Beitrag stellt auf der Basis aktuell verfügbarer Wirtschaftsdaten die Entwicklung der Beschäftigung und der Wertschöpfung in Liechtenstein dar. Unterschieden werden die Ebenen der Sektoren, Wirtschaftsbereiche und Branchen. Das Fürstentum Liechtenstein wird in der internationalen Öffentlichkeit häufig primär als Finanzplatz wahrgenommen. Im Wirtschaftsbereich „Finanzdienstleistungen" sind in 2005 jedoch nur knapp 15 % der vollzeitäquivalent Beschäftigten tätig. Eine Besonderheit der liechtensteinischen Wirtschaftsstruktur besteht in der grossen Bedeutung des Anteils der Zupendler an der Gesamtbeschäftigung. Der Anstieg der Zupendlerzahlen leistet einen beachtlichen Beitrag zum gesamtwirtschaftlichen Wachstum, dessen Hauptquelle die Beschäftigungsentwicklung darstellt. Die aggregierte Arbeitsproduktivität ist hingegen seit der Jahrtausendwende in mehreren Jahren hintereinander zurückgegangen. Da der Beschäftigungsentwicklung langfristig Grenzen gesetzt sind, muss die wirtschaftliche Dynamik Liechtensteins durch eine Steigerung der Arbeitsproduktivität gesichert werden.

Keywords: Kleinstvolkswirtschaft, Liechtenstein, Beschäftigung, disaggregierte Wertschöpfung, Arbeitsproduktivität

JEL-Codes: J20, O11, O47, R11

* Prof. Dr. Carsten-Henning Schlag, Leiter der Konjunkturforschungsstelle Liechtenstein (KOFL) an der Hochschule Liechtenstein, Fürst-Franz-Josef-Strasse, FL-9490 Vaduz, Liechtenstein, Tel.: ++423 265 1329, Fax: ++423 265 1301, E-Mail: carsten.schlag@kofl.li.

1. Einführung

Am 12. Juni 2006 wurde in Liechtenstein das 200-jährige Jubiläum der Eigenstaatlichkeit gefeiert. Mit der Gründung des Rheinbundes 1806 verlieh Napoleon Liechtenstein den Rang eines souveränen Staates. Das Fürstentum Liechtenstein hat als Staatsform eine konstitutionelle Monarchie[1]. Nachdem Liechtenstein im Jahr 1809 vom damaligen Landvogt Joseph Schuppler als das ärmste Land bezeichnet wurde, „das es in der Welt geben mag", gilt es heute als Musterland des ökonomischen Erfolgs. Insbesondere nach dem zweiten Weltkrieg setzte in Liechtenstein eine prosperierende Entwicklung hinsichtlich Lebensqualität, Wohlstand und Sicherheit ein. Seit dem Jahr 1924 bildet Liechtenstein mit der Schweiz einen Zoll- und Währungsraum. Der Schweizer Franken stellt damit die Landeswährung dar und die Schweizerische Nationalbank ist für die Geld- und Währungspolitik im gemeinsamen Währungsraum zuständig. 1991 ist Liechtenstein der Europäischen Freihandelsassoziation (European Free Trade Association, EFTA) beigetreten. Liechtenstein ist – anders als die Schweiz – seit 1995 auch Mitglied im Europäischen Wirtschaftsraum (EWR).

Der vorliegende Beitrag untersucht die spezifische Struktur der Kleinstvolkswirtschaft Liechtenstein und versucht, auf der Basis aktuell verfügbarer Wirtschaftsdaten deren besondere Charakteristika herauszuarbeiten. Mit einer Fläche von 160 km^2 ist das Fürstentum der viertkleinste Staat Europas, nach dem Vatikan, Monaco und San Marino. Ende 2005 zählt Liechtenstein 35'274 Einwohner. Gleichzeitig finden im Fürstentum 30'170 Menschen eine Beschäftigung. In den letzten 25 Jahren hat sich in Liechtenstein die Beschäftigung mehr als verdoppelt. Nur durch eine hohe

1 Liechtenstein ist eine konstitutionelle Erbmonarchie auf demokratischer und parlamentarischer Grundlage. Die Staatsgewalt ist in der Person des Fürsten und im Volk verankert und wird von beiden nach Massgabe der Bestimmungen der Verfassung ausgeübt (Art. 2 der Verfassung von 1921).

Anzahl von Zupendlern ist eine solche Entwicklung möglich gewesen. Aus den Nachbarländern pendeln täglich fast 15'000 Arbeitnehmer und Arbeitnehmerinnen an ihren Arbeitsplatz in das Land herein. An dieser Zahl wird auch der erhebliche Bedeutungsüberschuss des Wirtschaftsstandorts gegenüber dem Wohnort Liechtenstein deutlich. Der Bedeutungsüberschuss des Wirtschaftsstandorts hat Auswirkungen auf verschiedene wirtschaftspolitisch relevante Bereiche[2].

Das Fürstentum Liechtenstein wird in der internationalen Öffentlichkeit häufig primär als Finanzplatz wahrgenommen. In der Tat zeigt die sektorale Beschäftigungs- und Wertschöpfungsanalyse einen Wandel der liechtensteinischen Volkswirtschaft von der Industrie- zur Dienstleistungsökonomie an. Allerdings geht im Vergleich zu anderen Ländern der beobachtete Strukturwandel in Liechtenstein in den letzten 25 Jahren mit einem Aufbau der Industriebeschäftigung einher. Ende 2005 umfasst die Industrie knapp 47 % der vollzeitäquivalenten Gesamtbeschäftigung. Sie trägt darüber hinaus einen Anteil von 40 % an der liechtensteinischen Bruttowertschöpfung. Im internationalen Vergleich ist dieser Beitrag eher hoch. Im Wirtschaftsbereich „Finanzdienstleistungen" sind nur knapp 15 % der vollzeitäquivalent Beschäftigten tätig. Diese erwirtschaften in Liechtenstein jedoch 26 % der gesamtwirtschaftlichen Bruttowertschöpfung.

Die Hauptquelle des gesamtwirtschaftlichen Wachstums in Liechtenstein ist in den vergangenen Jahren das Wachstum der Beschäftigung gewesen. Die aggregierte Arbeitsproduktivität ging hingegen in mehreren Jahren hintereinander zurück. Es spricht vieles dafür, dass sich die Beschäftigungsentwicklung in Liechtenstein in der Zukunft nicht so fortsetzen wird, wie dies in der Vergangenheit der Fall war. Die wirtschaftliche Dynamik Liechtensteins muss langfristig durch eine Steigerung der Arbeitsproduktivität

2 Zu nennen sind hier die Bildungspolitik, der F&E Bereich, die Gesundheitspolitik und die Alterssicherung (vgl. Kellermann und Schlag, 2006, 2007a).

gesichert werden. Ein Hebel hierfür wäre die Verbesserung der Humankapitalausstattung. Dies gilt auch und vor allem für die liechtensteinische Wohnbevölkerung.

Der vorliegende Beitrag ist in sechs Abschnitte unterteilt. Die spezifische Struktur Liechtensteins als Kleinstvolkswirtschaft ist Gegenstand des Abschnitts 2. In Abschnitt 3 wird die Beschäftigungsentwicklung auf Sektoren- und Branchenebene analysiert. Die Determinanten des gesamtwirtschaftlichen Wachstums werden in Abschnitt 4 erläutert. Eine disaggregierte Wertschöpfungsanalyse in Abschnitt 5 gibt Aufschluss über die Zusammensetzung der gesamtwirtschaftlichen Produktion in Liechtenstein. Abschnitt 6 enthält abschliessende Bemerkungen.

2. Die spezifische Struktur Liechtensteins als Kleinstvolkswirtschaft

Die spezifische Struktur Liechtensteins weist erhebliche Unterschiede sowohl zu den Nachbarstaaten als auch zu den Schweizer Kantonen auf. So zeigt das Fürstentum einen beachtlichen Überschuss in seiner Bedeutung als Wirtschaftsstandort gegenüber seiner Bedeutung als Wohnort. Deutlich wird dies am Verhältnis der in der Region insgesamt Beschäftigten zur Einwohnerzahl. Die Wohnbevölkerung des Fürstentums Liechtenstein lag Ende 2005 bei 35'274 Einwohnern. Gleichzeitig liegt die Anzahl der vollzeitäquivalent Beschäftigten (VZÄ) bei 27'228, die der beschäftigten Personen sogar bei 30'170. In Abbildung 1 ist die Relation von Beschäftigten zu Einwohnern für Liechtenstein und alle 26 Schweizer Kantone für das Jahr 2005 abgetragen. Während in Liechtenstein (FL) auf 100 Einwohner 77 VZÄ kommen, sind es im Schweizer Durchschnitt (CH) nur knapp 42 VZÄ. Der Schweizer Kanton mit dem höchsten Verhältnis von Beschäftigten und Einwohnern ist Basel-Stadt (BS) mit 69 Beschäftigten je 100 Einwohner. In den beiden

Halbkantonen Appenzell-Ausserrhoden (AR) und Appenzell-Innerrhoden (AI) sind es hingegen nur 32 bzw. 31 VZÄ.

Abbildung 1
Bedeutung des Wirtschaftsstandorts gegenüber der Bedeutung des Wohnorts
In Prozent, Jahr 2005

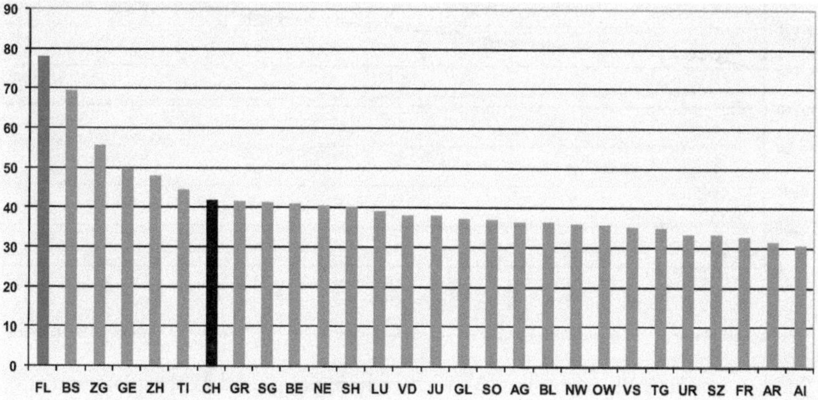

Quelle: Kellermann und Schlag (2007a).

Die Erwerbstätigkeit in Liechtenstein hat in den letzten Jahren stark zugenommen. Die Anzahl der beschäftigten Personen ist von 14'840 in 1980 auf 30'170 Ende 2005 gestiegen (vgl. Abbildung 2). Die Zahl der Beschäftigten umfasst die Anzahl der beschäftigten Einwohner zuzüglich der Zupendler, d.h. die Erwerbstätigen, die in Liechtenstein wohnen und arbeiten, zuzüglich den Erwerbstätigen, die im Ausland wohnen und in Liechtenstein arbeiten. Der Zuwachs der Beschäftigung liegt im betrachteten Zeitraum bei über 103 %, die durchschnittliche jährliche Zunahme der Beschäftigung beträgt 4.1 %. Die starke Dynamik der Beschäftigung war nur durch einen entsprechenden Zuwachs bei den Zupendlern möglich. Im Zeitraum 1980 bis 2005 ist die Zahl der Zupendler nach Liechtenstein von 3'279 in 1980 auf 14'503 in 2005 gestiegen, dies entspricht einem Anstieg von gut 342 % (vgl. Abbildung 2). Der Anteil der Zupendler an den Beschäftigten insgesamt beträgt in 1980 22.1 % und steigt bis Ende 2005 auf gut 48 % an.

Abbildung 2
Wohnbevölkerung, Gesamtbeschäftigung, Erwerbstätige Wohnbevölkerung und Zupendler
In Personen, per 31.12.

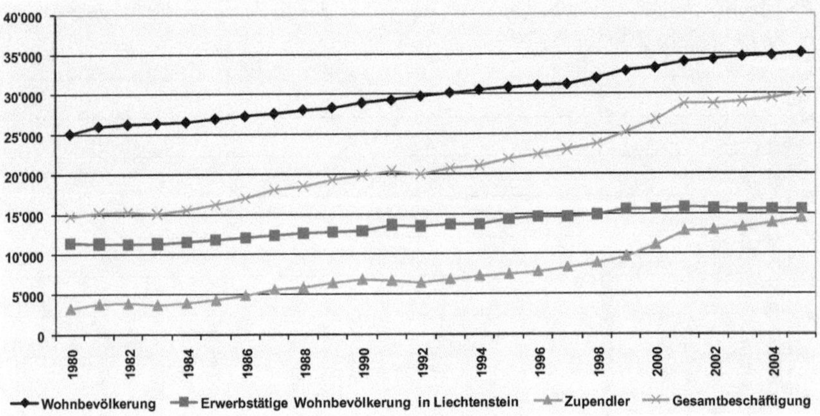

Quelle: Amt für Volkswirtschaft (AVW): Beschäftigungs- und Arbeitsplätzestatistik.

Abbildung 3 zeigt die Entwicklung der Beschäftigung in Liechtenstein für den Zeitraum 2000 bis 2005. Die starken Beschäftigungszuwächse in 2000 und 2001 in Höhe von 5.7 % bzw. 7.4 % sind bedingt durch kräftige Zuwächse der Zupendler (14.9 % in 2000 und 15.3 % in 2001). Die Entwicklung der im Inland beschäftigten Einwohner hingegen ist im Zeitraum 2002 bis 2004 rückläufig, im Jahr 2005 ist ein Zuwachs von 0.6 % gegenüber dem Vorjahr zu verzeichnen. Abbildung 3 weist dennoch auf eine gewisse Komplementarität der Beschäftigungsentwicklung in Bezug auf die Zupendler und die in Liechtenstein beschäftigten Einwohner hin. Zwar ist die Beschäftigungsentwicklung bei den Zupendlern insgesamt dynamischer und volatiler. Die Wachstumsraten der beiden Beschäftigungskomponenten weisen aber eine gewisse Simultanität auf. Der vielfach befürchtete Verdrängungswettbewerb zwischen inländischen Erwerbstätigen und Zupendlern, der auf einer substitutiven Beziehung beruhen würde, ist in den Daten nicht offensichtlich.

Abbildung 3
Entwicklung der Erwerbstätigkeit in Liechtenstein
Inlandprinzip, Veränderungen gegenüber dem Vorjahr in %

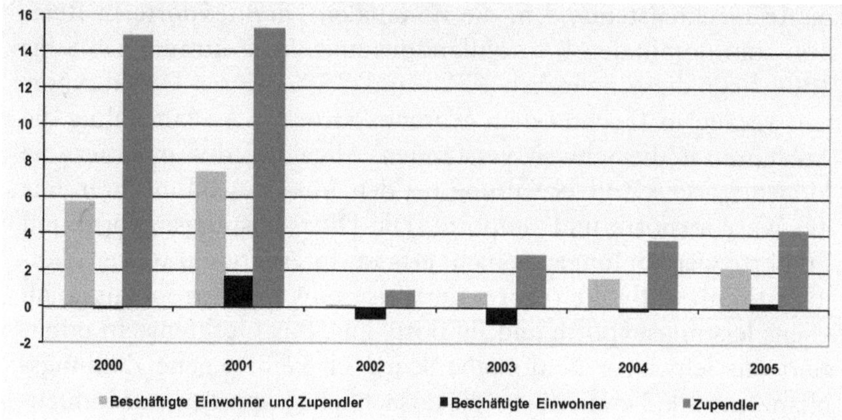

Quelle: AVW: Beschäftigungs- und Arbeitsplätzestatistik.

Abbildung 4
Entwicklung der Exportquote in Liechtenstein
Nominale Direktexporte (Total 2) in Relation zum nominalen Bruttoinlandprodukt, in %

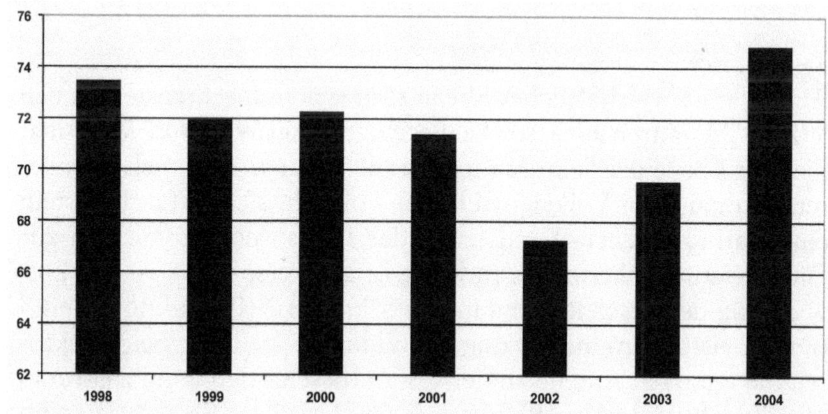

Quellen: Eidgenössische Zollverwaltung, AVW: VGR FL, eigene Berechnungen.

Ein weiteres charakteristisches Merkmal der liechtensteinischen Volkswirtschaft besteht in der starken Aussenorientierung der Unternehmen. Abbildung 4 illustriert die Entwicklung der Exportquote Liechtensteins, d.h. die nominalen Direktexporte in Relation zum nominalen Bruttoinlandprodukt. Im Zeitraum 1998 bis 2004 liegt diese zwischen 67 % und 75 %. Unter Direktexporten werden in Liechtenstein Warenexporte ins Ausland ohne die Ausfuhren in die Schweiz verstanden. Allgemein dokumentiert die Eidgenössische Zollverwaltung bei den Aus- sowie Einfuhren nur die Warenexporte und -importe. Die Dienstleistungsexporte und -importe werden hingegen nicht erfasst. International weisen Zahlungsbilanzstatistiken normalerweise sowohl Waren- als auch Dienstleistungsexporte und -importe aus. Für Liechtenstein publiziert die Schweizer Nationalbank jedoch keine eigene Zahlungsbilanzstatistik. Damit dürfte die tatsächliche Exportquote Liechtensteins, die Waren- und Dienstleistungsexporte einschliesst, erheblich höher liegen als die in Abbildung 4 ausgewiesene.

3. Entwicklung der Beschäftigung auf Sektoren- und Branchenebene

Auf gesamtwirtschaftlicher Ebene zeigt sich in Liechtenstein in den letzten 25 Jahren eine starke Beschäftigungsdynamik. Wie sieht dies auf Ebene der Sektoren und Branchen aus? Wie auch in anderen europäischen Volkswirtschaften vollzieht sich in Liechtenstein ein kontinuierlicher Wandel von der Industrieökonomie hin zur Dienstleistungsökonomie. In langfristiger Perspektive ist die Entwicklung der Beschäftigung in den Sektoren 2 (Produktion) und 3 (Dienstleistungen) augenfällig: Abbildung 5 stellt für beide Sektoren die relativen Anteile an der Gesamtbeschäftigung im Zeitraum 1982 bis 2005 dar. In 1982 beträgt der Anteil der Beschäftigten im Sektor Produktion 55.1 % und nimmt bis 2005 auf 43.9 % ab. Im

Sektor 3 zeigt sich eine gegenläufige Entwicklung. Der Anteil der Beschäftigten an der Gesamtbeschäftigung steigt von 42.4% in 1982 auf 54.9% in 2005 an. Die Anzahl der Beschäftigten (Vollzeit und Teilzeit) insgesamt liegt im Jahr 1982 bei 15'323 und nimmt bis Ende 2005 um knapp 97% auf 30'170 zu. Im Sektor 2 liegt der Beschäftigungsanstieg im selben Zeitraum bei knapp 57%. Die Anzahl der Beschäftigten steigt im Sektor 2 von 8'448 in 1982 auf 13'242 zum Jahresende 2005 an. Im Sektor 3 sind in 1982 6'500 und 2005 16'549 Voll- und Teilzeitbeschäftigte tätig. Dies entspricht einem Anstieg von knapp 157%. In den vergangenen 25 Jahren ist also in beiden Sektoren in erheblichem Masse Beschäftigung aufgebaut worden.

Abbildung 5
Beschäftigung in den Sektoren 2 (Produktion) und 3 (Dienstleistungen)
in % der Gesamtbeschäftigung (Vollzeit- und Teilzeitstellen), per 31.12.

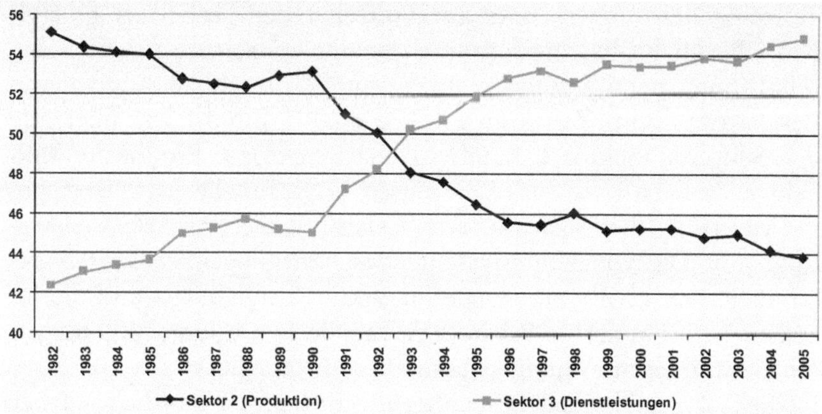

Quelle: AVW: Beschäftigungs- und Arbeitsplätzestatistik.

Im Vergleich zu der Entwicklung in Liechtenstein geht der Strukturwandel in der Schweiz mit einem Abbau der Beschäftigung im Industriesektor einher. Die Anzahl der Erwerbstätigen im Sektor 2 hat sich in der Schweiz von 1.2 Mio. in 1982 um 17.5% auf 0.99 Mio. in 2005 verringert. Die von Schumpeter (1934) beschriebene „zerstörerische" Komponente im Strukturwandel ist in den vergangenen Jahrzehnten in der Schweizer Volkswirtschaft also erheblich stärker zu Tage getreten als in Liechtenstein. Im Sektor 3 nimmt die Zahl der Erwerbstätigen in der Schweiz hingegen von 1.84 Mio. in 1982 um 65 % auf 3.04 Mio. in 2005 zu. Dies hat im Vergleich zu Liechtenstein zu einer stärkeren Verschiebung der relativen Anteile der Erwerbstätigen in der schweizerischen Volkswirtschaft geführt. Der Anteil der Erwerbstätigen im Sektor 2 geht von 36.9 % in 1982 auf 23.6 % im Jahr 2005 zurück, der Anteil im Sektor 3 steigt von 56.6 % in 1982 auf 72.5 % in 2005. Dem Industriesektor kommt – gemessen an seinem Anteil an der Gesamtbeschäftigung – in der Schweiz heute eine erheblich geringere Bedeutung zu als in Liechtenstein.

Die Beschäftigungsentwicklung in Liechtenstein ab dem Jahr 2000 kann auch anhand des Konzepts der vollzeitäquivalenten Beschäftigung aufgezeigt werden. Bei diesem Konzept werden die Teilzeitstellen umgerechnet auf Vollzeitstellen. Tabelle 1 gibt einen Überblick über die Entwicklung der vollzeitäquivalenten Beschäftigung nach Branchen. Ingesamt ist die vollzeitäquivalente Beschäftigung im Zeitraum 2000 bis 2005 um 10.3 % über alle drei Sektoren (Sektor 1: Landwirtschaft, Sektor 2: Produktion und Sektor 3: Dienstleistung) gewachsen (vgl. Tabelle 1). Dieser gesamtwirtschaftliche Zuwachs teilt sich auf die drei Sektoren wie folgt auf: Die vollzeitäquivalente Beschäftigung im Sektor 3 expandiert mit 11.7 %, diejenige im Sektor 2 mit 8.8 % und die im Sektor 1 mit immerhin 9.3 % (vgl. Tabelle 1). Im Jahr 2005 nimmt die Gesamtbeschäftigung gegenüber dem Jahr 2004 um 2.1 % zu. Im Sektor 3 steigt die Beschäftigung mit 2.7 % deutlich stärker als im Sektor 2 (1.6 %). Der Anteil der Beschäftigung im Sektor 2 an der Gesamtbeschäftigung reduziert sich weiter auf 46.8 %, ausgehend von 47.4 % in 2000 (vgl. Tabelle 1). Der Anteil der Beschäftigung im Sektor 3 an der Gesamtbeschäftigung erhöht sich dagegen auf 51.9 %, das sind 0.7 Prozentpunkte mehr als im Jahr 2000.

Die Dynamik in den einzelnen Sektoren schlägt umso stärker auf die gesamtwirtschaftliche Ebene durch, je grösser ihr Beschäftigungsanteil an der Gesamtbeschäftigung ist. Dies kann anhand von so genannten Wachstumsbeiträgen gezeigt werden. Der Wachstumsbeitrag gibt an, wie viel Prozentpunkte der Sektor zum Wachstum der gesamten Beschäftigung beiträgt[3]. Das Beschäftigungswachstum im Zeitraum 2000 bis 2005 ist in den Sektoren 2 und 3 entstanden. Der Wachstumsbeitrag des Sektors 1 (Landwirtschaft, Fischerei) ist mit 0.1 Prozentpunkten zwar gering, jedoch nach wie vor positiv. Während der Wachstumsbeitrag des Sektors 2 (Industrie) 4.2 Prozentpunkte beträgt, leistet der Sektor 3 (Dienstleistung) einen Beitrag zum Wachstum der Gesamtbeschäftigung in Höhe von 6 Prozentpunkten (vgl. Tabelle 1). Die gesamtwirtschaftliche Zuwachsrate der Beschäftigung im Jahr 2005 in Höhe von 2.1 % ist zu einem grösseren Teil der Entwicklung im Sektor 3 zuzuschreiben. 1.4 Prozentpunkte trägt der Sektor 3 zu der Zuwachsrate von 2.1 % bei, 0.8 Prozentpunkte liefert der Sektor 2 (vgl. Tabelle 1).

Welche Bedeutung kommt den einzelnen Branchen in Bezug auf die liechtensteinische Beschäftigungsentwicklung zu? In Tabelle 1 sind die zehn beschäftigungsintensivsten Branchen in Liechtenstein markiert. In diesen Branchen sind im Jahr 2005 fast 72 % der gesamten vollzeitäquivalent Beschäftigten tätig. Die höchsten Beschäftigungsanteile haben die Branchen „45 Baugewerbe" und „30–33 Herstellung elektrischer/elektronischer Geräte; Feinmechanik, Optik" mit jeweils 8.9 %, gefolgt von der Branche „70–74 Immobilien, Informatik, Dienstleistungen für Unternehmen" mit 8.1 %. Von den zehn beschäftigungsintensivsten Branchen finden sich jeweils fünf im Sektor 2 und Sektor 3:

3 Die Wachstumsbeiträge können positive oder negative Vorzeichen annehmen. Die Summe der Wachstumsbeiträge über alle Sektoren ergibt die gesamtwirtschaftliche Wachstumsrate der Beschäftigung. Die Wachstumsbeiträge der einzelnen Sektoren ergeben sich aus der Wachstumsrate der Beschäftigung im Sektor multipliziert mit dem Anteil der Beschäftigung an der Beschäftigung insgesamt.

Tabelle 1
Vollzeitäquivalente Beschäftigung in Liechtenstein nach Branchen
Per 31.12.

NOGA-Code	*Sektoren / Branchen*	*Vollzeitäquivalente*			*Anteile an Beschäftigung insgesamt in %*			*Diff. 05-00*	*Ver. 05-04*	*WaBei 05-04*	*Ver. 05-00*	*WaBei 05-00*
		2003	*2004*	*2005*	*2003*	*2004*	*2005*	*in PP*	*in %*	*in PP*	*in %*	*in PP*
	Erwerbszweig Sektor 1 (Landwirtschaft)	*356*	*356*	*351*	*1,4*	*1,3*	*1,3*	*0,0*	*-1,4*	*0,0*	*9,3*	*0,1*
01–05	Land- und Forstwirtschaft, Jagd	356	356	351	1,35	1,34	1,29	0,07	-1,4	0,0	9,35	0,11
	Erwerbszweig Sektor 2 (Produktion)	*12.545*	*12.533*	*12.736*	*47,6*	*47,0*	*46,8*	*-0,7*	*1,6*	*0,8*	*8,8*	*4,2*
14	Bergbau, Gewinnung Steine und Erden	44	41	41	0,17	0,15	0,15	-0,04	0,0	0,0	-16,33	-0,03
15–16	Herstellung Nahrungsmittel, Getränke; Tabakverarbeitung	1.501	1.578	1.773	5,70	5,92	6,51	1,64	12,4	0,7	37,76	1,84
17–18	Herstellung Textilien und Bekleidung	123	106	92	0,47	0,40	0,34	-0,31	-13,2	-0,1	-46,51	-0,30
20	Be- und Verarbeitung Holz (ohne Herstellung Möbel)	290	206	192	1,10	0,77	0,71	-0,65	-6,8	-0,1	-46,22	-0,62
21–22	Papier-, Verlags- und Druckgewerbe	263	256	248	1,00	0,96	0,91	-0,17	-3,1	0,0	-13,29	-0,14
24	Chemische Industrie	157	150	141	0,60	0,56	0,52	0,17	-6,0	0,0	51,61	0,18
25	Herstellung Gummi- und Kunststoffwaren	65	85	83	0,25	0,32	0,30	0,12	-2,4	0,0	66,00	0,12
26	Herstellung sonstige Produkte aus nichtmetallischen Mineralien	519	518	521	1,97	1,94	1,91	-0,18	0,6	0,0	-5,62	-0,12
27–28	Erzeugung und Bearbeitung Metall; Herstellung Metallerzeugnisse	1.239	1.047	996	4,70	3,93	3,66	-0,39	-4,9	-0,2	-6,74	-0,27
29	Maschinenbau	1.841	1.871	1.871	6,99	7,02	6,87	-1,52	0,0	0,0	-15,57	-1,31
30–33	Herstellung elektrischer/elektronischer Geräte; Feinmechanik, Optik	2.332	2.394	2.411	8,85	8,98	8,85	1,10	0,7	0,1	17,72	1,37
34–35	Fahrzeugbau	1.437	1.517	1.546	5,46	5,69	5,68	1,34	1,9	0,1	35,02	1,52
36–37	Sonstiges verabeitendes Gewerbe	167	195	190	0,63	0,73	0,70	0,04	-2,6	0,0	9,83	0,06
40–41	Energie- und Wasserversorgung	194	197	200	0,74	0,74	0,73	0,06	1,5	0,0	12,36	0,08
45	Baugewerbe	2.371	2.373	2.429	9,00	8,90	8,92	1,21	2,4	0,2	19,30	1,49

NOGA-Code	*Sektoren / Branchen*	*Vollzeitäquivalente*			*Anteile an Beschäftigung insgesamt in %*			*Diff. 05-00*	*Ver. 05-04*	*WaBei 05-04*	*Ver. 05-00*	*WaBei 05-00*
		2003	*2004*	*2005*	*2003*	*2004*	*2005*	*in PP*	*in %*	*in PP*	*in %*	*in PP*
	Erwerbszweig Sektor 3 (Dienstleistungen)	*13.437*	*13.775*	*14.141*	*51,0*	*51,7*	*51,9*	*0,7*	*2,7*	*1,4*	*11,7*	*6,0*
	Allgemein (WB 2)	9.752	9.965	10.143	37,0	37,4	37,3	-0,4	1,8	0,7	9,1	3,4
	Finanz (WB 3)	3.684	3.809	3.998	14,0	14,3	14,7	1,1	5,0	0,7	19,0	2,6
50–52	Handel, Reparatur	2.008	2.011	2.024	7,62	7,54	7,43	-0,79	0,6	0,0	-6,77	-0,56
55	Gastgewerbe	752	751	775	2,86	2,82	2,85	0,10	3,2	0,1	6,75	0,19
60–64	Verkehr, Nachrichtenübermittlung	922	938	974	3,50	3,52	3,58	0,30	3,8	0,1	12,47	0,41
65–67	Kredit- und Versicherungsgewerbe	1.818	1.875	1.982	6,90	7,03	7,28	0,07	5,7	0,4	4,15	0,30
70–74	Immobilien, Informatik, Dienstleistungen für Unternehmen	2.056	2.156	2.215	7,81	8,09	8,14	0,75	2,7	0,2	13,65	1,01
74.11/ 74.12	Rechtsberatung, Treuhandwesen	1.866	1.934	2.016	7,08	7,25	7,40	1,88	4,2	0,3	38,27	2,11
75	Öffentliche Verwaltung	1.286	1.286	1.274	4,88	4,82	4,68	0,42	-0,9	0,0	13,35	0,57
80	Unterrichtswesen	706	723	743	2,68	2,71	2,73	0,34	2,8	0,1	17,75	0,42
85	Gesundheits- und Sozialwesen	1.137	1.160	1.215	4,32	4,35	4,46	0,92	4,7	0,2	30,09	1,06
90–93	Erbringung sonstiger Dienstleistungen	664	712	716	2,52	2,67	2,63	0,11	0,6	0,0	7,67	0,19
95	Private Haushalte	166	169	154	0,63	0,63	0,57	-0,07	-8,9	-0,1	-8,33	-0,05
99	Exterritoriale Organisationen / Zollämter	55	59	53	0,21	0,22	0,19	-0,04	-10,2	0,0	-13,11	-0,03
	Total	*26.338*	*26.665*	*27.228*	*100,0*	*100,0*	*100,0*		*2,1*	*2,1*	*10,3*	*10,3*

- Vollzeitäquivalente: Teilzeitstellen auf Vollzeitstellen umgerechnet
- Diff. 05-00: Anteil an der Beschäftigung insgesamt in % in 2005 abzüglich dem Anteil an der Beschäftigung insgesamt in % in 2000
- Ver. 05-04: Veränderung der Vollzeitäquivalente 2005 gegenüber 2004 in %
- Ver. 05-00: Veränderung der Vollzeitäquivalente 2005 gegenüber 2000 in %
- WaBei 05-00: Wachstumsbeitrag im Zeitraum 2005–2000 in Prozentpunkte (Wachstumsrate der Beschäftigung in der Branche im Zeitraum 2005–2000 multipliziert mit dem Anteil der Beschäftigung der Branche an der Gesamtbeschäftigung in 2000)
- WaBei 05-04: Wachstumsbeitrag in 2005 in Prozentpunkte (Wachstumsrate der Beschäftigung in der Branche gegenüber 2004 multipliziert mit dem Anteil der Beschäftigung der Branche an der Gesamtbeschäftigung in 2004)

Quellen: Amt für Volkswirtschaft (AVW): Beschäftigungs- und Arbeitsplätzestatistik, eigene Berechnungen.

- Zu den fünf Branchen im Sektor 2 zählen das „45 Baugewerbe" (8.9 %), die „30–33 Herstellung elektrischer/elektronischer Geräte; Feinmechanik, Optik" (8.9 %), die „15–16 Herstellung Nahrungsmittel, Getränke; Tabakverarbeitung" (6.5 %), der „29 Maschinenbau" (6.9 %) und der „34–35 Fahrzeugbau" (5.7 %). Insgesamt sind in diesen fünf Branchen knapp 37 % der gesamten vollzeitäquivalenten Beschäftigung in Liechtenstein tätig (vgl. Tabelle 1). In Relation zur vollzeitäquivalenten Beschäftigung im Sektor 2 arbeiten knapp 79 % der Industriebeschäftigten in den genannten fünf Branchen (vgl. Tabelle 2).
- Zu den fünf Branchen im Sektor 3 zählen die Branche „50–52 Handel, Reparatur" (7.4 %), das „65–67 Kredit- und Versicherungsgewerbe" (7.3 %), „70–74 Immobilien, Informatik, Dienstleistungen für Unternehmen" (8.1 %), „74.11/74.12 Rechtsberatung, Treuhandwesen" (7.4 %) sowie die „75 Öffentliche Verwaltung" (4.7 %). Insgesamt sind in diesen fünf Branchen knapp 35 % der gesamten vollzeitäquivalenten Beschäftigung in Liechtenstein tätig (vgl. Tabelle 1). Gut 67 % der Dienstleistungsbeschäftigung arbeiten in diesen fünf Branchen des Sektors 3 (vgl. Tabelle 2).

Im *Produktionssektor* beträgt die vollzeitäquivalente Beschäftigung Ende 2005 12'736 und liegt damit 1.6 % über dem Vorjahresniveau, nach einem geringen Rückgang von 0.1 % in 2004. Die Beschäftigungsentwicklung im zweiten Sektor auf Ebene der Branchen ist sehr heterogen. Während einzelne Branchen deutliche Beschäftigungszuwächse erzielen können, geht in anderen Branchen die Beschäftigung im Vergleich zu 2004 zurück (vgl. Tabelle 1).

- Im *Baugewerbe* sind Ende 2005 2'429 vollzeitäquivalent Beschäftigte (VZÄ) tätig, 2.4 % mehr als Ende 2004. Der Zuwachs im Baugewerbe liegt damit deutlich über dem durchschnittlichen Zuwachs der Beschäftigung im Sektor 2.
- Im Bereich der *Nicht-Metallindustrie und -gewerbe* sind vor allen Dingen die vier folgenden Branchen für die Entwicklung

der Beschäftigung im Sektor 2 bedeutsam: „15–16 Herstellung Nahrungsmittel, Getränke; Tabakverarbeitung" mit 1'773, „29 Maschinenbau" mit 1'871, „30–33 Herstellung elektrischer/elektronischer Geräte; Feinmechanik, Optik" mit 2'411 und „34–35 Fahrzeugbau" mit 1'546 vollzeitäquivalent Beschäftigten am Ende des Jahres 2005. Insgesamt sind in den vier Branchen 7'601 VZÄ oder knapp 60% der Industriebeschäftigten tätig. In drei der vier Branchen gibt es Beschäftigungszunahmen. Einen deutlichen Beschäftigungszuwachs in 2005 kann die Branche „15–16 Herstellung Nahrungsmittel, Getränke; Tabakverarbeitung" realisieren, hier liegt das Niveau Ende Dezember 2005 12.4% über dem Vorjahresstand. Zu dem gesamtwirtschaftlichen Zuwachs der Beschäftigung im Jahr 2005 von 2.1% trägt diese Branche allein einen Wachstumsbeitrag von 0.7 Prozentpunkten bei. Auch die beschäftigungsintensive Branche „34–35 Fahrzeugbau" kann in 2005 einen Beschäftigungszuwachs erzielen, der mit 1.9% ebenfalls über der durchschnittlichen Zunahme des Sektors 2 liegt.

- Die Beschäftigung in der *Metallindustrie* liegt Ende 2005 bei 996 Vollzeitäquivalenten und damit um 4.9% unter dem Vorjahresstand (vgl. Tabelle 1). Dieser Beschäftigungsrückgang in der Metallindustrie belastet den gesamtwirtschaftlichen Beschäftigungszuwachs in 2005 mit einem negativen Wachstumsbeitrag in Höhe von 0.2 Prozentpunkten.

Der Wirtschaftsbereich *„Allgemeine Dienstleistungen"* (WB 2) umfasst die NOGA-Abteilungen 50–93, jedoch ohne die Finanzdienstleistungen (vgl. Anhang 1). In der Beschäftigungs- und Arbeitsplätzestatistik entspricht dies dem Sektor 3 (Dienstleistungen), bereinigt um die Finanzdienstleistungen (NOGA-Abteilungen 65–67 und 74.11/74.12). Die vollzeitäquivalente Beschäftigung in WB 2 beträgt Ende 2005 10'143 und liegt damit 1.8% über dem Vorjahresniveau, nach einem Zuwachs von 2.2% in 2004. Im Jahr 2005 sind gut 37% der gesamten Beschäftigung in diesem Wirtschaftsbereich tätig (vgl. Tabelle 1).

- Drei der zehn Branchen mit den höchsten Beschäftigungsanteilen in 2005 befinden sich im WB 2: Hierzu zählen die Branchen „50–52 Handel, Reparatur" (7.4 %), „70–74 Immobilien, Informatik, Dienstleistungen für Unternehmen" (8.1 %) und „75 Öffentliche Verwaltung" (4.7 %). Von diesen drei beschäftigungsintensiven Branchen kann die Sparte „70–74 Immobilien, Informatik, Dienstleistungen für Unternehmen" mit 2.7 % auch gegenüber 2004 zulegen.
- Drei weitere Branchen im WB 2 können ebenfalls deutliche Beschäftigungszunahmen gegenüber dem Jahr 2004 realisieren: Die Branche „55 Gastgewerbe" mit 775 VZÄ um 3.2 %, die Branche „60–64 Verkehr, Nachrichtenübermittlung" mit 974 VZÄ um 3.8 % und die Branche „85 Gesundheits- und Sozialwesen" mit 1'215 VZÄ um 4.7 %. Lediglich die Branche „75 Öffentliche Verwaltung" hat Ende 2005 einen Beschäftigungsrückgang um 0.9 % gegenüber dem Vorjahresstand zu verzeichnen.

Tabelle 2
Beschäftigung in 10 beschäftigungsintensiven Branchen
Vollzeitäquivalente per 31.12., in % der sektoralen Beschäftigung

NOGA-Code	*Sektoren / Branchen*	*Vollzeitäquivalente 2003*	*2004*	*2005*	*Anteile in % 2005*
	Erwerbszweig Sektor 2 (Produktion)	*12.545*	*12.533*	*12.736*	*100,00*
15–16	Herstellung Nahrungsmittel, Getränke; Tabakverarbeitung	1.501	1.578	1.773	13,92
29	Maschinenbau	1.841	1.871	1.871	14,69
30–33	Herstellung elektrischer/elektronischer Geräte; Feinmechanik, Optik	2.332	2.394	2.411	18,93
34–35	Fahrzeugbau	1.437	1.517	1.546	12,14
45	Baugewerbe	2.371	2.373	2.429	19,07
	Summe	9.482	9.733	10.030	78,75
	Erwerbszweig Sektor 3 (Dienstleistungen)	*13.437*	*13.775*	*14.141*	*100,00*
50–52	Handel, Reparatur	2.008	2.011	2.024	14,31
65–67	Kredit- und Versicherungsgewerbe	1.818	1.875	1.982	14,02
70–74	Immobilien, Informatik, Dienstleistungen für Unternehmen	2.056	2.156	2.215	15,66
74.11/74.12	Rechtsberatung, Treuhandwesen	1.866	1.934	2.016	14,26
75	Öffentliche Verwaltung	1.286	1.286	1.274	9,01
	Summe	9.034	9.262	9.511	67,26

Vollzeitäquivalente: Teilzeitstellen auf Vollzeitstellen umgerechnet

Quellen: AVW: Beschäftigungs- und Arbeitsplätzestatistik, eigene Berechnungen.

Der Wirtschaftsbereich „*Finanzdienstleistungen*“ (WB 3) umfasst das Kreditgewerbe, das Versicherungsgewerbe, die Rechtsberatung und die Treuhand. In der Einteilung der Beschäftigungs- und Arbeitsplätzestatistik sind das die NOGA-Abteilungen 65–67 und 74.11/74.12 (vgl. Anhang 1). Beide Branchen zählen zu den 10 beschäftigungsintensivsten Branchen in Liechtenstein. Im WB 3 sind Ende 2005 insgesamt 3’998 vollzeitäquivalent Beschäftigte tätig, 5 % mehr als im Vorjahr. Dieser Zuwachs übertrifft die Zunahme aus dem Jahr 2004 von 3.4 %. Ende 2005 sind damit 14.7 % der gesamten vollzeitäquivalenten Beschäftigung in Liechtenstein im WB 3 tätig (vgl. Tabelle 1).

- Im *Kreditgewerbe* hat sich die günstige Entwicklung im Geschäftsjahr 2005 auch in der Beschäftigungsentwicklung niedergeschlagen. Ende 2005 sind bei den Kreditinstituten 1’632 Vollzeitäquivalente beschäftigt, im Vergleich zum Jahresende 2004 ist dies ein Zuwachs von 5 %. Im Kreditgewerbe sind damit Ende 2005 6 % der gesamten vollzeitäquivalenten Beschäftigung in Liechtenstein tätig, der Wachstumsbeitrag des Kreditgewerbes zum gesamtwirtschaftlichen Beschäftigungszuwachs in 2005 liegt bei 0.3 Prozentpunkten.
- In der Branche „*Rechtsberatung, Treuhandwesen*“ sind Ende 2005 2’016 Vollzeitäquivalente beschäftigt, das sind 4.2 % mehr als Ende 2004. Die Branche gehört mit einem Anteil von 7.4 % an der gesamten Beschäftigung zu den 10 beschäftigungsintensivsten Branchen in Liechtenstein. Der Wachstumsbeitrag der Rechtsberatung bzw. des Treuhandwesens zum gesamtwirtschaftlichen Beschäftigungszuwachs in 2005 liegt bei 0.3 Prozentpunkten (vgl. Tabelle 1). In Relation zur Dienstleistungsbeschäftigung sind 14.3 % in dieser Branche tätig (vgl. Tabelle 2).

4. Determinanten des gesamtwirtschaftlichen Wachstums in Liechtenstein

Das Fürstentum Liechtenstein weist – gemessen am Bruttoinlandprodukt (BIP) – eine im internationalen Vergleich hohe Wirtschaftskraft auf. Das nominale BIP je Einwohner beträgt im Jahr 2004 124'097 CHF und ist damit mehr als doppelt so hoch wie das nominale BIP je Einwohner in der Schweiz (60'008 CHF). Wird die Wirtschaftsleistung bezogen auf die Anzahl der Erwerbstätigen betrachtet, so ergibt sich im Jahr 2004 für das Fürstentum ein Wert in Höhe von 162'000 CHF. Für die Schweiz liegt diese Relation bei 107'063 CHF. Im Jahr 2000 weist die Volkswirtschaftliche Gesamtrechnung Liechtensteins das nominale BIP je Erwerbstätigen sogar mit 176'000 CHF aus (vgl. VGR FL, 2007, S. 8).

Abbildung 6 illustriert die Entwicklung des realen Bruttoinlandprodukts in Liechtenstein im Zeitraum 1998 bis 2004. Ausgehend von einem Niveau von 3'860.7 Mio. CHF in 1998 ist das reale BIP um 12.8 % auf 4'353.3 Mio. CHF in 2004 angestiegen. Nach starken Zuwächsen in 1999 um 10.4 % und in 2000 um 3.2 % ist die reale Produktionstätigkeit im Zeitraum 2001 bis 2003 eingebrochen. Im Jahr 2003 liegt das reale BIP um 1.9 % unter dem Vorjahresniveau. Bereits in den Jahren 2002 und 2001 ist das reale BIP um 1.0 % bzw. 0.7 % gegenüber dem jeweiligen Vorjahr gesunken (vgl. Abbildung 6). Im Zeitraum 2001 bis 2003 hat die liechtensteinische Wirtschaft damit erheblich an Produktionsdynamik eingebüsst. Im Jahr 2004 expandiert die reale Wirtschaftsleistung wieder um 2.7 % gegenüber dem Jahr 2003.

Der Einbruch der realen gesamtwirtschaftlichen Produktionstätigkeit, der in Liechtenstein im Zeitraum 2001 bis 2003 beobachtbar ist, zeigt sich in abgeschwächter Form auch im europäischen Umfeld. Auch in der Schweiz und in der EU-25 sind die realen Wachstumsraten des BIP in den Jahren 2000 bis 2003 zurückgegangen. In 2000 weisen die EU-25 mit 3.9 %, die Schweiz mit 3.6 % und Liechtenstein mit 3.2 % vergleichbare Wachstums-

Abbildung 6
Entwicklung des realen Bruttoinlandprodukts in Liechtenstein
Niveau in Mio. CHF, Veränderung gegenüber dem Vorjahr in %

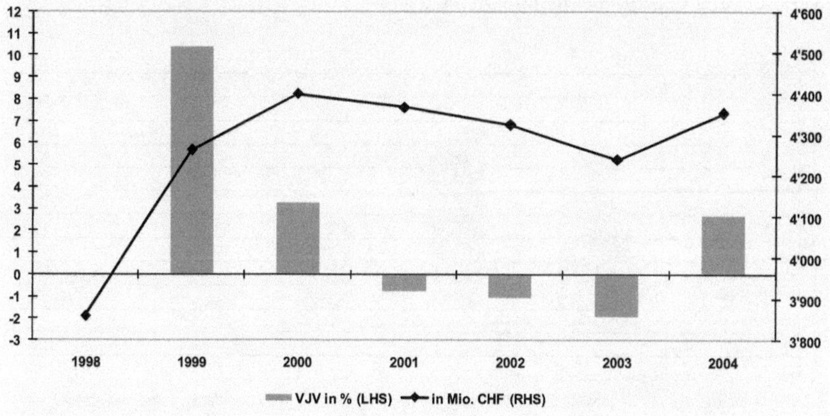

Quellen: AVW: VGR FL, eigene Berechnungen.

raten auf. In der EU-25 ist die Abschwächung der Wachstumsdynamik vergleichsweise moderat. In 2001 beträgt der Zuwachs des realen BIP 2.0 %, in 2002 1.2 % und in 2003 1.3 %. In der Schweiz gehen im gleichen Zeitraum die Wachstumsraten des realen BIP von 1.0 % in 2001 auf 0.3 % in 2002 zurück, um in 2003 mit -0.2 % einen negativen Wert anzunehmen. Der Rückgang der realen Jahreswachstumsraten ist jedoch auch in der Schweiz erheblich geringer als in Liechtenstein.

Abbildung 7 stellt die Entwicklung der realen gesamtwirtschaftlichen Produktionstätigkeit der Entwicklung der Erwerbstätigen in Liechtenstein im Zeitraum 1999 bis 2004 gegenüber[4]. Wäh-

4 Als Erwerbstätige bezeichnet werden alle Beschäftigungsverhältnisse von Personen – Arbeitnehmer und Selbständige –, die innerhalb der Produktionsgrenze des ESVG eine Produktionstätigkeit ausüben. Bei den dargestellten Ergebnissen pro Erwerbstätigen (in Vollzeitäquivalenten) werden die Produktionsergebnisse auf die Erwerbstätigen bezogen, die im Inland arbeiten. Bei diesen Erwerbstätigen handelt es sich sowohl um gebietsansässige Personen als auch um Zupendler (umgerechnet auf Vollzeitäquivalente). Vgl. hierzu VGR FL (2007).

Abbildung 7
Entwicklung des realen Bruttoinlandprodukts und der Erwerbstätigen in Liechtenstein
Veränderung gegenüber Vorjahr in %.

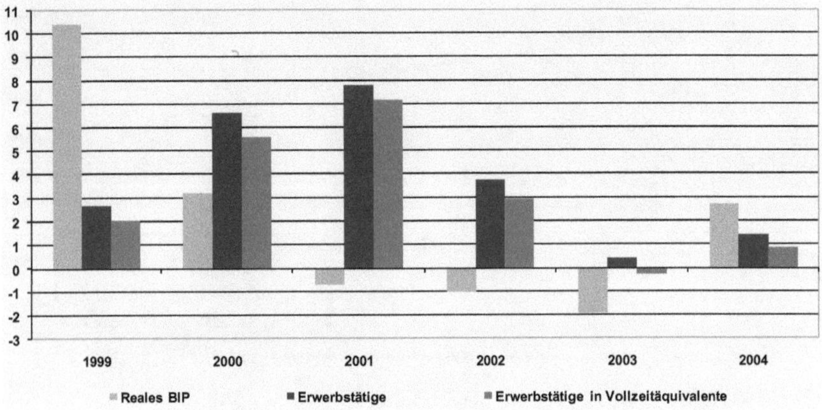

Quellen: AVW: VGR FL, eigene Berechnungen.

rend das reale BIP in den Jahren 2001 bis 2003 rückläufig ist, nimmt die Anzahl der Erwerbstätigen mit Veränderungsraten von 7.8 %, 3.8 % und 0.4 % zu. Diese teilweise gegenläufige Entwicklung von Erwerbstätigen und BIP lässt bereits gewisse Rückschlüsse auf die Quellen des Wachstums in Liechtenstein zu. Prinzipiell kann eine Volkswirtschaft langfristig durch einen vermehrten Arbeitseinsatz oder über eine Erhöhung der Arbeitsproduktivität wachsen (vgl. Anhang 2). Wenn eine Ökonomie trotz Beschäftigungszuwachs in der gesamtwirtschaftlichen Produktion nicht zulegen kann, so muss die Arbeitsproduktivität zurückgehen. Welche Bedeutung den beiden Wachstumsquellen für die Wachstumsrate des BIP im Fürstentum Liechtenstein in den Jahren 1999 bis 2004 zukommt, zeigt Tabelle 3. Ausgewiesen sind die Wachstumsrate des BIP als Summe aus der Wachstumsrate der Arbeitsproduktivität und der Wachstumsrate der Erwerbstätigen.

Tabelle 3
Wachstumsraten des realen BIP, der realen Arbeitsproduktivität und der Erwerbstätigen im Fürstentum Liechtenstein (in %)[1)]

Jahr	Reales BIP	Erwerbstätige	Arbeits-produktivität
1999	10,4	2,0	8,4
2000	3,2	5,6	-2,4
2001	-0,7	7,2	-7,9
2002	-1,0	3,0	-3,9
2003	-1,9	-0,2	-1,7
2004	2,7	0,9	1,8

1) Nominales BIP deflationiert mit dem LIK Dez 2005 = 100, Erwerbstätige in Vollzeitäquivalenten zur Jahresmitte (vgl. VGR FL, 2007, S. 34), reale Arbeitsproduktivität auf der Basis von Vollzeitäquivalenten.

Im internationalen Vergleich eher ungewöhnlich ist die Tatsache, dass die Wachstumsrate der Erwerbstätigen in vier von sechs Fällen höher ausfällt als die Wachstumsrate des realen BIP. Im Jahr 1999 ist die reale Wachstumsrate des BIP von 10.4% zu 8.4 Prozentpunkten auf das Wachstum der Arbeitsproduktivität und zu 2 Prozentpunkten auf den Anstieg der Erwerbstätigen zurückzuführen. Die Arbeitsproduktivität ist in den Jahren 2000 bis 2003 viermal in Folge rückläufig. Da sich die Anzahl der Erwerbstätigen mit Ausnahme des Jahres 2003 stets erhöhte, schlägt sich die negative Entwicklung der Arbeitsproduktivität nur abgeschwächt auf das BIP-Wachstum nieder. In 2004 geht das Wachstum des BIP von 2.7% zu 0.9 Prozentpunkten auf einen Anstieg der Erwerbstätigen und zu 1.8 Prozentpunkten auf den Zuwachs der Arbeitsproduktivität zurück.

Es spricht vieles dafür, dass sich die Beschäftigungsentwicklung in Liechtenstein in der Zukunft nicht so fortsetzt, wie dies in den vergangenen 25 Jahren der Fall war. Das Trendwachstum der Beschäftigung beträgt in der Vergangenheit jährlich approximative 2.5% (vgl. Kellermann und Schlag, 2007b). Würde sich die Beschäftigung weiter so entwickeln, so wären im Jahr 2040 fast

75'000 Beschäftigte in Liechtenstein tätig. Aufgrund der räumlichen Kleinheit ist es nur schwer vorstellbar, dass eine solche Entwicklung tatsächlich stattfinden wird. Für das langfristige Wachstum der Kleinstvolkswirtschaft Liechtenstein wird es damit immer bedeutsamer, die Arbeitsproduktivität zu steigern.

Eine wichtige Determinante der Arbeitsproduktivität ist die Ausstattung der Arbeitskräfte mit Humankapital (vgl. Anhang 2). Kellermann und Schlag (2006) approximieren die Humankapitalausstattung im Fürstentum Liechtenstein anhand des Ausbildungsstandes der Beschäftigung. Von den in Liechtenstein Beschäftigten (Erwerbstätige Inländer zuzüglich der Zupendler) weisen 76 % einen Bildungsabschluss der Sekundarstufe II oder höher auf, 23 % haben einen tertiären Bildungsabschluss. Die Operationalisierung des Humankapitalstocks ermöglicht es, den Einkommensanteil des Humankapitalbestands am Nettoinlandsprodukt in Liechtenstein zu berechnen. Er liegt in einer Grössenordnung von ungefähr 0,26 (vgl. Kellermann und Schlag, 2006). Der Einkommensanteil kann als Produktionselastizität interpretiert werden und besagt, dass ein Anstieg des Humankapitalstocks um 100 % das Nettoinlandprodukt in Liechtenstein um 26 % anwachsen lässt, wenn der Einsatz aller übrigen Produktionsfaktoren auf einem unveränderten Niveau verharrt[5]. Investitionen in die Humankapitalausstattung bieten damit Potential für eine zukünftige Steigerung der Arbeitsproduktivität in Liechtenstein.

Anhand des Humankapitalaspekts wird noch einmal die strukturelle Diskrepanz des Wirtschaftsstandorts Liechtenstein zur liechtensteinischen Gesellschaft deutlich. Werden der Ausbildungsstand der liechtensteinischen Wohnbevölkerung und der Ausbildungsstand der in Liechtenstein Beschäftigten unterschieden, so tritt ein beachtlicher Nachholbedarf bei der liechtensteinischen Wohnbevöl-

5 In der Literatur liegt eine Vielzahl von Studien für verschiedene Volkswirtschaften vor, die im Rahmen von Wachstumsregressionen Produktionselastizitäten für die Humankapitalausstattung ökonometrisch bestimmen. Nach Gundlach (1996, 2000) bewegen sich die meisten Schätzungen für die Produktionselastizität des Humankapitals in einer Grössenordnung von 0.2 bis 0.4.

kerung zu Tage. In Liechtenstein haben im Jahr 2000 70 % der Wohnbevölkerung im erwerbsfähigen Alter einen Bildungsabschluss der Sekundarstufe II oder höher. 9 % weisen einen tertiären Bildungsabschluss auf. Wird der Bildungsstand der Beschäftigung als Benchmark interpretiert, an dem der Bildungsstand der Wohnbevölkerung zu messen ist, so bleibt die Wohnbevölkerung in der tertiären Bildung um immerhin 14 Prozentpunkte hinter dem Benchmark zurück.

Die liechtensteinische Volkswirtschaft ist bislang auf den Import von Humankapital angewiesen. Ebenso wie der Import von Sachkapital, beispielsweise durch Direktinvestitionen, erhöht auch der Import von Humankapital durch gut ausgebildete Arbeitskräfte aus dem Ausland die Produktivität einheimischer Produktionsfaktoren. Diese positiven Kreuzabhängigkeiten werden in der Diskussion um die Einpendler manchmal übersehen. Der Zufluss von Humankapital aus dem Ausland verdrängt nicht unbedingt inländische Arbeitnehmer vom Arbeitsmarkt, vielmehr spricht vieles dafür, dass gerade dieser Zufluss die Einkommens- und die Beschäftigungschancen der Inländer erhöht.

5. Disaggregierte Wertschöpfungsanalyse

Die Betrachtung der gesamtwirtschaftlichen Produktionsentwicklung in Liechtenstein soll im Weiteren ergänzt werden durch eine disaggregierte Wertschöpfungsanalyse. Die Volkswirtschaftliche Gesamtrechnung Liechtensteins (VGR FL) unterscheidet die vier Wirtschaftsbereiche „Industrie und warenproduzierendes Gewerbe“ (WB 1), „Allgemeine Dienstleistungen“ (WB 2), „Finanzdienstleistungen“ (WB 3) und „Landwirtschaft und Haushalte“ (WB 4)[6].

6 Die VGR FL liefert nur nominale Angaben zur Bruttowertschöpfung und zum Bruttoinlandprodukt. Für die vorliegende Analyse werden die nominalen Werte mit dem Schweizer Landesindex der Konsumentenpreise deflationiert.

Tabelle 4 enthält die disaggregierte reale Bruttowertschöpfung (BWS) nach Wirtschaftsbereichen im Fürstentum Lichtenstein für den Zeitraum 1998 bis 2004. Der Wirtschaftsbereich „Industrie und warenproduzierendes Gewerbe“ (WB 1) nimmt im Jahr 2004 einen Anteil von 40.3 % an der gesamten Bruttowertschöpfung ein, er ist damit der quantitativ wichtigste Wirtschaftsbereich in Liechtenstein. Seine relative Bedeutung geht jedoch über den gesamten Zeitraum 1998 bis 2004 um 2.1 Prozentpunkte zurück (vgl. Tabelle 4). Im internationalen Vergleich ist der Anteil von gut 40 % jedoch nach wie vor als hoch einzustufen. In der Schweiz und in Deutschland liegen die vergleichbaren Anteile im Jahr 2005 bei 26.6 % und 29.3 %.

Werden die Bereiche WB 2 (Allgemeine Dienstleistungen) und WB 3 (Finanzdienstleistungen) zusammen betrachtet, so hat sich der prozentuale Anteil an der gesamten realen Bruttowertschöpfung von 51.6 % auf 52.5 % geringfügig erhöht. Während der Wirtschaftsbereich „Finanzdienstleistungen“ (WB 3) in den betrachteten Jahren um knapp 2 Prozentpunkte an relativer Bedeutung verliert, ist der Anteil an der Gesamtwertschöpfung bei den „Allgemeinen Dienstleistungen“ (WB 2) um 2.7 Prozentpunkte angestiegen. Die Bedeutung des Finanzsektors für die gesamtwirtschaftliche Entwicklung in Liechtenstein ist jedoch offensichtlich, 26 % der gesamtwirtschaftlichen Bruttowertschöpfung wird im Jahr 2004 im Finanzdienstleistungsbereich erwirtschaftet.

Die reale Bruttowertschöpfung insgesamt hat sich in den Jahren 2002 und 2003 mit -3.5 % und -3.6 % gegenüber dem jeweiligen Vorjahr rückläufig entwickelt. Das reale BIP ist darüber hinaus auch in 2001 gegenüber dem Vorjahr gesunken (-1.0 %). Diese unterschiedliche Entwicklung von BWS und BIP im Jahr 2001 ist in der VGR FL durch einen starken Rückgang der Gütersteuern (Mehrwertsteuer, spezielle Verbrauchssteuern wie die Mineralölsteuer und Tabaksteuer, Zölle und Abgaben auf gebrannte Wasser) um -16.5 % gegenüber dem Jahr 2000 dokumentiert (vgl. Tabelle 7). Insbesondere der WB 3 weist im Zeitraum 2001 bis 2003 negative Wachstumsbeiträge in Höhe von 0.6, 3.9 und 3.6 Prozent-

Tabelle 4
Reales Bruttoinlandprodukt (BIP) und reale Bruttowertschöpfung (BWS)
Gesamtwirtschaft und Wirtschaftsbereiche

Zeitraum	*Reales BIP*	*Bank-dienstl.*	*Güter-steuern*	*Güter-subv.*	*Reale Bruttowertschöpfung (BWS)* Gesamt	WB 1	WB 2+3	WB 2	WB 3	WB 4
						zu konstanten Preisen, in Mio. CHF				
1998	3.860,7	322,3	239,3	33,2	3.976,9	1.684,6	2.052,7	940,2	1.112,6	239,6
1999	4.263,2	277,0	278,3	34,7	4.296,8	1.716,2	2.330,0	1.057,3	1.272,7	250,6
2000	4.400,3	381,6	291,3	48,9	4.539,4	1.849,6	2.439,3	1.053,7	1.385,7	250,5
2001	4.367,9	394,7	243,4	67,4	4.586,6	1.807,6	2.518,1	1.160,5	1.357,6	264,3
2002	4.324,8	303,7	274,5	72,9	4.426,8	1.766,3	2.359,8	1.181,8	1.178,0	300,6
2003	4.240,8	229,1	276,9	74,0	4.267,0	1.778,3	2.171,3	1.153,4	1.017,9	317,4
2004	4.353,3	232,0	243,3	70,2	4.412,0	1.778,4	2.314,7	1.163,4	1.151,3	323,0
						Veränderung gegenüber Vorjahr in %				
1998										
1999	10,4	-14,1	16,3	4,7	8,0	1,9	13,5	12,5	14,4	4,6
2000	3,2	37,8	4,7	40,8	5,6	7,8	4,7	-0,3	8,9	0,0
2001	-0,7	3,4	-16,5	37,9	1,0	-2,3	3,2	10,1	-2,0	5,5
2002	-1,0	-23,0	12,8	8,1	-3,5	-2,3	-6,3	1,8	-13,2	13,7
2003	-1,9	-24,6	0,9	1,6	-3,6	0,7	-8,0	-2,4	-13,6	5,6
2004	2,7	1,2	-12,1	-5,2	3,4	0,0	6,6	0,9	13,1	1,8
						Wachstumsbeiträge in Prozentpunkten				
1998										
1999						0,8	7,0	2,9	4,0	0,3
2000						3,1	2,5	-0,1	2,6	0,0
2001						-0,9	1,7	2,4	-0,6	0,3
2002						-0,9	-3,5	0,5	-3,9	0,8
2003						0,3	-4,3	-0,6	-3,6	0,4
2004						0,0	3,4	0,2	3,1	0,1
						in % der Gesamtwirtschaft				
1998					100	42,4	51,6	23,6	28,0	6,0
1999					100	39,9	54,2	24,6	29,6	5,8
2000					100	40,7	53,7	23,2	30,5	5,5
2001					100	39,4	54,9	25,3	29,6	5,8
2002					100	39,9	53,3	26,7	26,6	6,8
2003					100	41,7	50,9	27,0	23,9	7,4
2004					100	40,3	52,5	26,4	26,1	7,3
Diff. 04-98						-2,1	0,8	2,7	-1,9	1,3

Wirtschaftsbereich 1: Industrie und warenproduzierendes Gewerbe
Wirtschaftsbereich 2: Allgemeine Dienstleistungen
Wirtschaftsbereich 3: Finanzdienstleistungen
Wirtschaftsbereich 4: Landwirtschaft und Haushalte
Diff. 04-98 = Differenz der Anteile des Wirtschaftsbereichs in % der Gesamtwirtschaft, in Prozentpunkten

Quellen: AVW: VGR FL, eigene Berechnungen (nominale Angaben aus der VGR FL werden mit dem Schweizer Landesindex der Konsumentenpreise deflationiert).

punkten auf. Aber auch die negativen Wachstumsbeiträge des WB 1 in 2001 und 2002 von jeweils 0.9 Prozentpunkten belasten die gesamte Wertschöpfungsentwicklung. In 2003 weist auch der WB 2 einen negativen Wachstumsbeitrag von 0.6 Prozentpunkten auf.

Im Jahr 2004 hat die reale Bruttowertschöpfung in Liechtenstein insgesamt um 3.4% gegenüber dem Vorjahr zugenommen, das reale BIP legt in 2004 um 2.7% zu. Im WB 2 ist die Wertschöpfung um 0.9%, im WB 3 sogar um 13.1% angestiegen, nach Rückgängen in 2003 um 2.4% bzw. 13.6%. Die Wertschöpfungsentwicklung im WB 1 stagniert in 2004 gegenüber 2003, nach einem Zuwachs von 0.7% in 2003. Aus diesen Veränderungsraten sowie den relativen Positionen der Wirtschaftsbereiche in der Gesamtwirtschaft ergeben sich folgende Beiträge zum Wachstum der Bruttowertschöpfung insgesamt: Während der Wirtschaftsbereich 1 keinen Wachstumsbeitrag leisten kann, wird das Wachstum der Bruttowertschöpfung fast ausschliesslich durch den Wachstumsbeitrag des Dienstleistungsbereichs insgesamt (WB 2 + WB 3) getragen. Insbesondere die starke Expansion im WB 3 „Finanzdienstleistungen" ist für den Zuwachs der gesamtwirtschaftlichen Bruttowertschöpfung verantwortlich. Der Wachstumsbeitrag beträgt 3.1 Prozentpunkte. Der WB 2 „Allgemeine Dienstleistungen" leistet 0.2 Prozentpunkte, der WB 4 „Landwirtschaft und Haushalte" trägt 0.1 Prozentpunkte zum gesamtwirtschaftlichen Wachstum der Wertschöpfung bei.

6. Abschliessende Bemerkungen

Der vorliegende Beitrag stellt auf der Basis aktuell verfügbarer Wirtschaftsdaten die Entwicklungen der Beschäftigung und der Wertschöpfung auf Ebene der Sektoren, Wirtschaftsbereiche und Branchen in Liechtenstein dar. Die durchschnittliche Arbeitsproduktivität ist in Liechtenstein im Jahr 2004 mit 162'000 CHF um gut ein Drittel höher als der Vergleichswert für die Schweiz. Ein hoher Beschäftigungsanteil bzw. Wertschöpfungsanteil von 46.8 % bzw. 40.3 % entsteht nach wie vor in der Industrie. Der Dienstleistungssektor gewinnt jedoch auch in der liechtensteinischen Volkswirtschaft immer mehr an Bedeutung. Im Jahr 2005 tragen die Allgemeinen Dienstleistungen mit 37.3 % und die Finanzdienstleistungen mit 14.7 % zur Beschäftigung bei.

Das Fürstentum Liechtenstein ist eine Kleinstvolkswirtschaft mit einer recht spezifischen Struktur. Eine Besonderheit liegt in dem grossen Bedarf des Wirtschaftsstandorts an gut ausgebildeten Arbeitskräften. Dies hat in der Vergangenheit zu einer beachtlichen Entwicklung des Anteils der Zupendler an der Gesamtbeschäftigung in Liechtenstein geführt. Ohne die Zupendler wären der starke Beschäftigungsanstieg der letzten 25 Jahre und damit auch das gesamtwirtschaftliche Wachstum des Fürstentums Liechtenstein nicht denkbar gewesen. Es spricht vieles dafür, dass sich die Beschäftigungsentwicklung in Liechtenstein in der Zukunft nicht so fortsetzen wird, wie dies in der Vergangenheit der Fall war. Die wirtschaftliche Dynamik Liechtensteins muss langfristig durch eine Steigerung der Arbeitsproduktivität gesichert werden.

Anhang 1: Datenbasis zur Wertschöpfung und Beschäftigung in Liechtenstein

Daten zur Wertschöpfung und zur Beschäftigung in Liechtenstein werden in der Volkswirtschaftlichen Gesamtrechnung Liechtensteins (VGR FL) und der Beschäftigungs- und Arbeitsplätzestatistik vom Amt für Volkswirtschaft publiziert. Beide Statistiken ermöglichen grundsätzlich eine disaggregierte Analyse, da sie sich auf die allgemeine Systematik der Wirtschaftszweige (NOGA) stützen.

Tabelle A1-1
Wirtschaftsbereiche der Volkswirtschaftlichen Gesamtrechnung
Gemäss VGR FL

	Wirtschaftsbereiche	*Kurzbeschreibung*
WB 1	Industrie und warenproduzierendes Gewerbe	Unternehmen, die in den Wirtschaftszweigen der NOGA-Abteilungen 10–45 tätig sind. Hierzu zählen insbesondere die Herstellung von Nahrungsmitteln, das Druckgewerbe, die chemische Industrie, die Metallbearbeitung, der Maschinenbau, der Fahrzeugbau, die Energie- und Wasserversorgung sowie das Baugewerbe.
WB 2	Allgemeine Dienstleistungen	Einheiten der NOGA-Abteilungen 50–93, jedoch ohne Finanzdienstleistungen. Typische Wirtschaftszweige im Wirtschaftsbereich Dienstleistungen sind der Handel, das Gastgewerbe, der Verkehr, die Informatik, die öffentliche Verwaltung, das Unterrichtswesen, das Gesundheits- und Sozialwesen sowie die Medien.
WB 3	Finanzdienstleistungen	Unternehmen, die in den NOGA-Abteilungen 65–67 bzw. den Noga-Klassen 74.11 und 74.12 tätig sind. Es handelt sich dabei insbesondere um das Kreditgewerbe, das Versicherungsgewerbe, die Rechtsberatung und die Treuhand.
WB 4	Landwirtschaft und Haushalte	Einheiten der NOGA-Abteilungen 01–05 und 95. Hierzu gehören insbesondere die Land- und Forstwirtschaft sowie die privaten Haushalte.

Quelle: VGR FL (2007), S. 9f.

Im Jahr 2000 hat das Amt für Volkswirtschaft erstmals das Bruttoinlandprodukt (BIP) für das Jahr 1998 im Rahmen der Volkswirtschaftlichen Gesamtrechnung Liechtensteins (VGR FL) berechnet[7]. Die VGR FL hat bislang Ergebnisse für die Jahre 1998–2004 vorgelegt (vgl. Schlag, 2006b). Die Berechnungsweise der einzelnen Transaktionen stützt sich dabei auf das Europäische System Volkswirtschaftlicher Gesamtrechnungen (ESVG 95). Seit 1995 ist das ESVG 95 für alle Mitglieder der Europäischen Union verbindlich. Das ESVG 95 stimmt praktisch vollständig mit den weltweit gültigen Regeln des Systems of National Accounts (SNA 1993) überein.

7 Das St. Gallener Zentrum für Zukunftsforschung hat für einzelne Jahre (1960, 1970, 1975, 1980, 1985, 1988) BIP-Daten für das Fürstentum Liechtenstein geschätzt. Für die Jahre 1989 bis 1997 liegen keine Daten vor. Damit fehlt – gemessen an der Entwicklung des Bruttoinlandprodukts – die Wirtschaftshistorie für Liechtenstein. Darüber hinaus liegen nur Jahresdaten vor.

Die VGR FL wird auf der Ebene der Gesamtwirtschaft sowie für Sektoren und Wirtschaftsbereiche berechnet. Die Einteilung der Sektoren entspricht dem Europäischen System Volkswirtschaftlicher Gesamtrechnungen (ESVG 95). Für die vorliegende Untersuchung ist die Disaggregierung der VGR FL nach Wirtschaftsbereichen relevant. Die Zuordnung eines Unternehmens oder einer Organisation erfolgt anhand der wirtschaftlichen Aktivitäten dieser Einheiten.

Die VGR FL unterscheidet die in Tabelle A1-1 genannten vier Wirtschaftsbereiche „Industrie und warenproduzierendes Gewerbe“ (WB 1), „Allgemeine Dienstleistungen“ (WB 2), „Finanzdienstleistungen“ (WB 3) und „Landwirtschaft und Haushalte“ (WB 4). Die vier Wirtschaftsbereiche umfassen jeweils spezifische NOGA-Abteilungen. Eine tiefere Untergliederung der Wertschöpfungsberechnung auf Ebene von Abteilungen, Gruppen oder Klassen gemäss der NOGA-Klassifizierung wird von der VGR FL nicht durchgeführt.

Die Beschäftigungs- und Arbeitsplätzestatistik ist tiefer gegliedert als die VGR FL. Neben der Unterscheidung nach den drei Sektoren Landwirtschaft (Sektor 1), Produktion (Sektor 2) und Dienstleistungen (Sektor 3) enthält sie auch eine Aufteilung nach Branchen. Diese sind gemäss NOGA-Abteilungen den drei Sektoren zugeteilt. Die in der VGR FL unterschiedenen 4 Wirtschaftsbereiche sind ebenfalls gemäss den NOGA-Abteilungen abgegrenzt (vgl. Tabelle A1-1). Die Wirtschaftsbereiche „Dienstleistungen“ und „Finanzdienstleistungen“ in der VGR FL entsprechen in der Abgrenzung dem Sektor 3 (Dienstleistungen) in der Beschäftigungsstatistik. Das Amt für Volkswirtschaft weist die Daten für die Beschäftigung (Vollzeitstellen, Teilzeitstellen, Vollzeitäquivalente) nach Branchen erst ab dem Jahr 1999 aus.

Anhang 2: Quellen des Wachstums

Grundsätzlich gibt es zwei Möglichkeiten, wie eine Volkswirtschaft langfristig wachsen kann:

- Entweder durch einen vermehrten Arbeitseinsatz oder
- über eine Erhöhung der Arbeitsproduktivität.

Die Arbeitsproduktivität wird gemessen als Bruttoinlandprodukt (Y) je Beschäftigtem (L). Ein vermehrter Arbeitseinsatz resultiert aus der Ausdehnung der Arbeitszeit oder durch eine Steigerung der Erwerbstätigenzahl. In welcher Weise sich die Wachstumsrate des Bruttoinlandprodukts aus den genannten Komponenten „Anstieg der Beschäftigten“ sowie „Anstieg der Arbeitsproduktivität“ zusammensetzt, lässt sich einfach aufzeigen. Ausgangspunkt bildet die Identität

$$\text{(A2-1)} \quad Y(t) = \frac{Y(t)}{L(t)} L(t).$$

Sie besagt, dass das Bruttoinlandprodukt in Periode t dem Produkt aus Arbeitsproduktivität $Y(t)/L(t)$ und den Beschäftigten $L(t)$ entspricht. Durch Logarithmierung und Ableitung nach der Zeit ergibt sich die Wachstumsrate des BIP ($\Delta \ln Y(t)$) als Summe der Wachstumsrate der Arbeitsproduktivität $\Delta \ln(Y(t)/L(t))$ und der Wachstumsrate der Beschäftigung $\Delta \ln L(t)$:

$$\text{(A2-2)} \quad \Delta \ln Y(t) = \Delta \ln\,(Y(t)\,/\,L(t)) + \Delta \ln\,L(t).$$

Das Wachstum der Arbeitsproduktivität wird in der klassischen Wachstumstheorie insbesondere auf

- die Ausstattung mit Realkapital,
- die Ausstattung mit Humankapital und
- den technischen Fortschritt

zurückgeführt. Dahinter steckt die Überlegung, dass die einzelne Arbeitskraft mehr Güter produzieren kann, wenn sie entweder mehr oder bessere Maschinen zur Verfügung hat oder selbst besser ausgebildet ist.

Die so genannte Wachstumsbuchhaltung erlaubt es, die Wachstumsrate der Arbeitsproduktivität in weitere Einzelkomponenten zu zerlegen. Diese theoretisch nicht ganz anspruchslose Methodik beruht auf einigen grundlegenden Arbeiten des Nobelpreisträgers Robert Solow. Ausgangspunkt bildet die makroökonomische Produktionsfunktion

(A2-3) $Y(t) = A(t)F(K(t),L(t)) = A(t)K(t)^{\alpha}L(t)^{1-\alpha}.$

Sie stellt einen formalen Zusammenhang zwischen den in einer bestimmten Periode t eingesetzten Produktionsfaktoren Kapital K(t) und Arbeit L(t) dar und berücksichtigt darüber hinaus auch das technische Niveau. Einen vermehrten Einsatz von Produktionsfaktoren oder verbesserte technologische und organisatorische Produktionsbedingungen erhöhen den Output Y(t) in Periode t. Zu den Produktionsfaktoren zählen neben dem Faktor Arbeit auch sämtliche Formen von Kapital (Sachkapital, Humankapital, Öffentliches Kapital), die im Produktionsprozess zum Einsatz kommen. Die Methode der Wachstumsbuchhaltung erlaubt es, die Wachstumsrate der Arbeitsproduktivität als gewichtete Summe der Wachstumsraten des Beschäftigungsniveaus, des Kapitalstocks sowie des technologischen Niveaus A(t) darzustellen:

(A2-4) $\Delta\ln(Y(t) - \Delta\ln L(t)) = \Delta\ln A(t) + \alpha\Delta\ln K(t) - \alpha\Delta\ln L(t).$

Der Gewichtungsfaktor α entspricht dem Anteil der Einkommen aus Kapital und Vermögen am Volkseinkommen. Bei gegebener Kapitalausstattung je Arbeitsplatz ist das Wachstum der Arbeitsproduktivität allein durch die Rate des technischen Fortschritts bestimmt.

Literatur

Gundlach, E. (1996), Human capital and economic development: A macroeconomic assessment, Institut für Weltwirtschaft, Kieler Arbeitspapiere 778, Kiel.

Gundlach, E. (2006), Bildungspolitik im Zeitalter der Globalisierung, Zukunft der Sozialen Marktwirtschaft, Ludwig-Erhard-Stiftung e.V., Bd. 7, Stuttgart.

Kellermann, K. und C.-H. Schlag (2007a), Wertschöpfung und Beschäftigung in der Gesundheitswirtschaft in Liechtenstein, KOFL Studie No. 4, Konjunkturforschungsstelle Liechtenstein (KOFL), Vaduz.

Kellermann, K. und C.-H. Schlag (2007b), Ermittlung des erwarteten Trendwachstums der liechtensteinischen Volkswirtschaft bis 2012, KOFL Studie No. 5, Konjunkturforschungsstelle Liechtenstein (KOFL), Vaduz.

Kellermann, K. und C. Schlag (2006), Bildung als öffentliche Aufgabe in Liechtenstein – Eine ökonomische Analyse des Bildungswesens unter besonderer Berücksichtigung der Hochschule Liechtenstein, KOFL Studie No. 3, Konjunkturforschungsstelle Liechtenstein (KOFL), Vaduz.

Schlag, C.-H. (2006a), Strukturwandel in Liechtenstein: Die Entwicklung seit den 80er Jahren KOFL Economic Focus, No. 2, Konjunkturforschungsstelle Liechtenstein (KOFL), Vaduz.

Schlag, C.-H. (2006b), Abgeschwächte Expansion des Aussenhandels und der Beschäftigung in 2007, KOFL Konjunkturbericht 2006, Konjunkturforschungsstelle Liechtenstein (KOFL), Vaduz.

Schumpeter, J. A. (1934), The Theory of Economic Development, Cambridge MA, Harvard University Press.

VGR FL – Volkswirtschaftliche Gesamtrechnungen Liechtensteins (2007), Volkswirtschaftliche Gesamtrechnung 2004, Amt für Volkswirtschaft, Vaduz.

Ansgar Belke* and Jens M. Heine**

On the Endogeneity of an Exogenous OCA-Criterion: The Impact of Specialisation on the Synchronicity of Regional Business Cycles in Europe

This paper examines the degree of correlation of EU regional employment cycles and attempts to show whether these cycles reflect changing patterns of specialisation. By focusing on the regional level and by employing three different indicators of similarity of sectoral structure, it improves on existing studies. A dynamic panel data model is estimated for pairs of regions by within groups, i.e., by a standard fixed effects estimator. Special attention is paid to capture the rich dynamics which are typical of employment data. The key finding is that employment growth is more synchronised when regions look alike in their sectoral structure.

Keywords: Regional Employment, European Union, Regional Business Cycles, Specialisation, Synchronicity

JEL-Codes: E32, F15, R23

* Prof. Dr. Ansgar Belke, University of Duisburg-Essen, Department of Economics, Chair for Economics, especially Macroeconomics, D-45117 Essen, Deutschland, Tel.: ++49 201 1832277, Fax: ++49 201 1834181, E-Mail: ansgar.belke@uni-due.de (corresponding author).

** Dr. Jens M. Heine, ZEB/Rolfes.Schierenbeck Associates, D-48153 Münster, Deutschland, E-Mail: jheine@zeb.de.

1. Introduction

The integration of nations within Europe has been an important issue for four decades now. With respect to the national level, there exists a variety of empirical studies focussing on the similarities and differences in sectoral structures (for example, the level of national specialisation or its inverse, the level of similarity), the sources of national business cycles and the importance of industry-specific shocks. Considerable theoretical and empirical research on this general issue has been conducted, but this line of research has usually emphasised differences across countries, assuming implicitly (instead of testing explicitly) that countries themselves are homogenous entities. Although the implicit assumption of homogenous entities is not warranted, still very few studies combine measures of regional instead of national specialisation with the comovement of regional business cycles. In this paper we explore the relationship between regional employment cycles and the similarity of bilateral regional sectoral structures, and empirically test the hypothesis that the similarity of regional industrial patterns enhances the bilateral correlation of regional employment cycles.

The rest of this article is organised as follows. In section 2, we motivate our study based on a survey of the empirical literature which deals with the determinants of the synchronicity of European national and regional employment cycles. In section 3, we explain the specification of the relevant variables in detail and give some information about the data sources. Above all, we provide an in-depth-discussion of the construction as well as the relative merits of several alternative bilateral indicators, measuring the degree of similarity between the sectoral structures of two regions. We also deliver some stylised facts about the potential correlation between regional business cycle synchronisation, the degree of regional similarity in the sectoral structure and about the results of panel unit root tests. In section 4, we introduce the empirical model, describe and give reasons for the chosen estimation procedure and discuss the empirical results of the conducted panel regressions. The empirical method adopted is to estimate a dynamic panel data model for region-pairs by within groups, i.e., by a standard fixed effects estimator. This model relates (rolling) correlations between regional employment cycles to a measure of sectoral similarity and to differences between regional incomes. Special attention is paid to capture the rich dynamics typically inherent in employment data. We also test whether our results are robust to the inclusion of additional variables. In section 5, we summarise our findings and draw some policy conclusions. Our key finding is that employment growth is indeed more synchronised in a statistically significant way when regions have a more identical sectoral structure. This evidence is robust with respect to the inclusion of additional variables such as differences in incomes between regions and to different specifications of specialisation indices.

2. Motivation

The increasing synchronicity of national business cycles within Europe has been investigated empirically by many authors, identifying the start of the European Monetary System (EMS) in 1979 (Artis and Zhang, 1997), the increase in international trade (Frankel and Rose, 1998), identical income and sectoral structures between two economies (Imbs, 1999) or the existence of a common border (Clark and Wincoop, 2001) as the main reasons for this phenomenon.

Artis and Zhang (1997) investigate the national business cycles of different countries and approximate these cycles with the filtered time series of industrial production. They regress these time series on a U.S. as well as on a German benchmark cycle. Their main result is that continental European countries display a business cycle behaviour which has become increasingly synchronised to the German cycle and less to the U.S. cycle especially since the creation of the EMS in 1979. Based on his own analysis, Fatás (1997) also concludes that the synchronicity of regional business (employment) cycles to a hypothetical European aggregate has increased since the start of the EMS. Although measuring business cycle synchronisation using employment growth is not ideal, he applies the growth rate of employment within a region instead of regional GDP growth as an indicator of its business cycle stance. The main arguments in favour of the former are the following: (a) regional employment growth is strongly correlated with real GDP growth, (b) data revisions are less frequent for employment growth, (c) regional employment data can be aggregated more easily than regional GDP data (e.g., adequate bookkeeping of regional exports and imports), and employment growth is the politically relevant variable.[1] Fatás (1997) as well as Forni and Reichlin (1997) and Barrios et al. (2001) were among the first to stress the potential importance of the regional dimension. Both Fatás (1997) and Artis and Zhang (1997) emphasise the role of the exchange rate regime in determining the cyclical behaviour of macroeconomic time series and the degree of bilateral correlation of business cycles. These studies focus on the role of a nominal variable, but neglect the impact of real variables on the degree of synchronicity.

Focusing on different real impact variables, Frankel and Rose (1998) examine the influences of aggregated foreign trade on the synchronicity of national business cycles. They draw the conclusion that an increase in foreign trade generally leads to increased synchronicity of the cyclical movements of the national economic time series. However, Imbs (1999) qualifies the main finding of Frankel and Rose (1998). His results tend to play down significantly the potential role of foreign trade in explaining the co-movement of national business cycle indicators. Instead, he finds that bilateral differences in the sectoral structure as well as bilateral

1 See among others Fatás (1997), p. 746, and Christodoulakis et al. (1995), p. 12.

differences in GDP are the main determinants of the degree of synchronicity of national business cycles. Clark and Wincoop (2001) investigate the evidence of within-country and across-countries business cycle synchronicity for Europe and the U.S. They identify a higher correlation of economic variables within the U.S. than within Europe and conclude that these differences are due to the existence of (national) borders in Europe. But some evidence seems to indicate that this border effect has become smaller in Europe in the 1980s.

This paper takes the above literature as a starting-point and tries to trace back the synchronicity of regional employment cycles to idiosyncratic sectoral developments within different European regions. These regions are – as a stylised fact – characterised by the emergence of agglomerations. That is, certain areas experience a change in their employment figures and at the same time economic activity becomes more or less concentrated in certain industry branches. This in turn has on the one hand a sustained impact on the regions' economic performance and on the other hand the regional sectoral structure might differ in comparison to other regions. In order to examine the relationship between the similarities of regional sectoral structures and the fluctuations of the regional employment cycle, we intend to quantify changes of the regional sectoral structure caused by European integration over the last two decades. For this purpose, we construct a number of annual indices measuring the degree of similarity between the sectoral structures of two regions (in the following called "specialisation indices") for 30 European regions. It is generally acknowledged that a disaggregated representation of an employment cycle displays higher informational contents than its aggregated representation because different regional developments cancel out at the aggregated level. Moreover, the agglomeration phenomenon can be grasped more accurately by a higher resolution. Hence, we decided to follow Fatás (1997), Forni and Reichlin (1997) and Clark and Wincoop (2001) and focus on the regional instead of the national dimension.

However, our analysis differs from the above cited papers in several respects. First, and in contrast to Artis and Zhang, our procedure is not limited to the analysis of benchmark cycles. Instead, we correlate all possible region-pairs with each other. Second, we emphasise the regional dimension in the same way as Fatás (NUTS1) by using regional employment data. In this paper, however, we de-trend the latter with a more useful econometric filter technique. Third, we do not emphasise the role of nominal impact variables, such as the exchange rate regime, but focus on real variables, i.e. similarities in the sectoral structure, in determining the cyclical behaviour of the employment time series. Fourth, we dispense with investigating the correlation between regional cycles and national or European cycles. Instead, we focus on the impacts of a change in the regional sectoral pattern of production on the degree of correlation of regional employment cycles.

Nearly all contributions in this field investigate the sources of national co-fluctuations empirically, but only a small number (Fatás, 1997, Barrios et al., 2001, Clark and Wincoop, 2001) delivers a detailed analysis at the regional level. However, studies which examine the relationship between regional sectoral patterns and the synchronicity of employment cycles for a wide range of European regions are not yet available.[2] Since industry-specific shocks usually play a more important role at the regional than at the cross-national level (Clark and Shin, 2000), such studies would fill an existing gap in literature. Closest to this demand is the study by Clark and Wincoop (2001) which identifies correlations between regional cycles based on border effects and on a measure of the similarities in the bilateral national instead of regional production patterns. In other words, their study contributes to filling this gap but still applies an identical economic structure for each region of the respective nation. As an innovation, we start with their method-

2 One exception is the study of Barrios et al. (2001) who investigate the impact of sectoral specialisation on the co-fluctuations among U.K. business cycles and on the co-fluctuations of the latter with EU country cycles.

ology but focus on the bilateral similarities or differences in regional instead of national production patterns determining the synchronicity of the employment cycles between these regions.

One branch of theory which tries to explain the choice of industries to locate in a certain region is the New Economic Geography literature, which explicitly conveys detailed theoretical information about the impact of increasing economic integration on the development of industrial structures. Moreover, this literature implicitly gives information about the resulting sectoral structures as well as about specialisation patterns. Under the scenario of increasing economic integration, there will be advantages for firms of one industry to cluster in a certain region – these agglomeration forces can be self-reinforcing ("cumulative causation") and will tend to encourage concentration of industrial activity. Centripetal or centrifugal forces are commonly regarded as the main reasons for such cumulative causation (for a survey see, e.g., Krugman, 1998). These forces have a significant impact on the decision of mobile production factors to agglomerate or deglomerate geographically. Changes in the sectoral structure of the respective economy will be the result. However, centripetal or centrifugal forces themselves are determined by the degree of integration or, to be more precise, by the magnitude of transportation costs. Some features of the New Economic Geography are used in the next section to construct several indices to quantify the degree of similarity in the sectoral structures of two regions.

3. Data and stylised facts

In order to test the conjectured impact of the degree of similarity (regional specialisation patterns) on the synchronicity of regional employment cycles empirically we employ a panel of 30 European regions from six countries, namely Belgium, France, (West) Germany, Ireland, the Netherlands and Spain. The sample for the final regressions runs from 1989 to 1996. This specific choice of regions is determined by the current limitations of data availability. However, from an economic point of view this is sensible because these regions at least represent an area which has been called the core European Monetary Union (EMU). And for this core EMU the synchronicity of cycles as a precondition of a well-functioning currency union has been discussed exhaustively. From the data we were able to construct 435 region-pairs. These regions-pairs will later on represent the cross-sections for our panel regression analysis. The definition of regions used in this paper is based on the Nomenclature of Territorial Units for Statistics of EUROSTAT, namely the NUTS 1 level.[3] The NUTS was established by EUROSTAT to provide comparable regional breakdowns of the Member States of the European Union. In Table 1, all European regions included in our empirical analysis are listed.

In the following, we determine the degree of employment cycle synchronicity and the degree of bilateral similarity in the sectoral structure of both regions for all of the region-pairs we can construct from the above listed regions.

3.1 Synchronicity of regional employment cycles and bilateral regional specialisation patterns: Specification and data

In order to derive the degree of employment cycle synchronicity, the regional employment cycle for each European region is approximated by the de-trended time series of total regional employment. For the de-trending procedure the Hodrick-Prescott-Filter with parameter 10 is used in order to transform the non-stationary variable regional employment to a stationary one

3 We assume that Ireland is one region, and the reduction of the eleven West German regions to eight avoids using the so-called city-states in Germany.

Table 1
European NUTS 1 Regions: A Survey

Region	*Nomenclature* Eurostat	*Nomenclature* used in this paper
	Belgium	
Région Bruxelles – Cap.	BE 1	BE 1
Vlaams Gewest	BE 2	BE 2
Région Wallone	BE 3	BE 3
	France	
Île de France	FR 1	FR 1
Bassin Parisien	FR 2	FR 2
Nord-Pas-de-Calais	FR 3	FR 3
Est	FR 4	FR 4
Ouest	FR 5	FR 5
Sud-Ouest	FR 6	FR 6
Centre-Est	FR 7	FR 7
Méditerranée	FR 8	FR 8
	Germany	
Schleswig-Holstein	DE F	G 1
Hamburg	DE 6	
Niedersachsen	DE 9	G 2
Bremen	DE 5	
Nordrhein-Westfalen	DE A	G 3
Hessen	DE 7	G 4
Rheinland-Pfalz	DE B	G 5
Saarland	DE C	
Baden-Württemberg	DE 1	G 6
Bayern	DE 2	G 7
Berlin	DE 3	G 8
	Ireland	
Irland	IE	IRL
	Netherlands	
Noord-Nederland	NL 1	NL 1
Oost-Nederland	NL 2	NL 2
West-Nederland	NL 3	NL 3
ZuID-Nederland	NL 4	NL 4
	Spain	
Noroeste	ES 1	ESP 1
Noreste	ES 2	ESP 2
Comunidad de Madrid	ES 3	ESP 3
Centro (E)	ES 4	ESP 4
Este	ES 5	ESP 5
Sur	ES 6	ESP 6
Canaris	ES 7	ESP 7

Source: EUROSTAT (1999).

(see Hodrick and Prescott, 1997).[4] The advantages of this standard practice are, first, that it is easy to implement and, second, that the resulting cyclical residuals are similar to those of the band-pass filter introduced by Baxter and King (1999). We use the regional employment data provided by EUROSTAT. These data are available for the Belgian regions for a time span ranging from 1975 to 1997, for the French, West German and Dutch regions as well as for Ireland from 1970 to 1997 and for the Spanish regions from 1980 to 1997. To quantify the synchronicity of the bilateral regional employment cycles we use the well-known Bravais-Pearson correlation coefficient between both cycles. We base the correlation coefficient on a rolling window with a reasonable size of five periods.[5]

In order to quantify the degree of similarity in bilateral regional production patterns and to use these results for our regressions in section 4, we employ popular indices used by many scholars in the empirical literature.[6] As an innovation, we do not focus on just one indicator. Instead and in order to conduct a "sensitivity analysis" our estimations are based on three alternative indices, each having its own merits. As a first indicator we use the index of conformity CON (Imbs, 1999). It is constructed analogously to the usual correlation coefficient, but without consideration of the statistical

4 Additionally, we conducted panel unit root tests which clearly rejected the non-stationarity for the generated series. See section 3.2.

5 See Inklaar and DeHaan (2001) who use just five periods to calculate the correlation coefficients; for a ten-year window see, e.g., Caporale et al. (1999). In this paper, we dispense with using ten-year windows for constructing the rolling correlation coefficient (as, e.g., ECB, 1999) in order to avoid losing ten degrees of freedom. This would not be the case if monthly or higher frequency data were available. As an additional cross-check we also captured movements in synchronicity over time by recursive estimates of bilateral correlations in an earlier version of this paper. See Belke and Heine (2001).

6 Surveys of the advantages and disadvantages of such indicators are widespread and can be found in Krieger-Boden (1999), Midelfart-Knarvik et al. (2000) or WIFO (1999).

mean. Its realisations lie between zero (the sectoral structure of both regions observed is totally different) and one (both regions have the same sectoral structure). A disadvantage of this indicator is that the value of the results tends to be near one, even if there are significant differences in the sectoral structure between two regions. Hence, this index has to be interpreted rather cautiously.

Second, we use the Finger-Kreinin index FIN.[7] It is defined as the sum of the minima of the sectoral shares of two regions. The higher the empirical realisation of this index (maximum 1), the more similar the sectoral structures between the two regions. Although this index compares two regions sector by sector, the strategy of summing up the minima might be a problem. For instance, the value of the index is unchanged when there are significant changes in the sectoral structure of one region but no changes in the minima.

The third and final index we employ is the specialisation coefficient SPEC. This was e.g. employed by Krugman (1991), Molle (1997), Clark and Wincoop (2001), Kim (1999) and OECD (1999). This index allows for realisations between zero (both regions have the same sectoral structure) and two (the sectoral structure of both regions observed is totally different). In a strictly verbal sense CON and FIN are measures of similarity since their empirical realisations grow with increasing similarity between sectors and only SPEC is an index of specialisation/diversification since its realisation shrinks with increasing similarity. However, all the indices we apply here try to measure the bilateral degree of similarity and quantify the regional specialisation patterns. The three indices employed are displayed and explained in Table 2.

7 See, e.g., Finger and Kreinin (1979), Greenaway and Hine (1991), and Amiti (1997).

Table 2
Indicators to quantify the degree of similarity in regional sectoral structures

Indicator	*Formula*	*Range*
Index of conformity	$CON = \frac{\sum_{i=1}^{n} a_i \cdot b_i}{\sqrt{\left[\sum_{i=1}^{n} a_i^2\right] \cdot \left[\sum_{i=1}^{n} b_i^2\right]}}$	0 to 1
Finger-Kreinin index	$FIN = \sum_{i=1}^{n} \min[a_i; b_i]$	0 to 1
Coefficient of specialisation	$SPEC = \sum_{i=1}^{n} \lvert a_i - b_i \rvert$	0 to 2

A change in all of these specialisation indices can principally be put down to the fact that the relative shares of the sectors have changed. The more industrial sectors are available, the more meaningful the indicators are. In our case the number of available sectors might probably pose a slight problem but cannot be completely solved because of the limited data availability. In order to construct the different indicators we use the time series of the nominal regional gross value added for the 30 European regions, ranging from 1975 to 1996 for the Belgian regions, from 1975 to 1994 for the French and West German regions as well as for Ireland, from 1975 to 1993 for the Dutch regions and from 1980 to 1995 for the Spanish regions. Our choice of this variable significantly deviates from Imbs (1999) who estimates a specialisation index based on the sectoral total employment. We do not use employment data because there is a lack of sectoral coverage of these data such that the specialisation index would not be very meaningful. In order to avoid such problems inherent in the use of an index of sectoral total employment, we use the regional gross value added for six different sectors (agricultural, forestry and fishery products, fuel and power products, manufactured products, building and construction, market services and non-market services). Unfortunately, European regional data do not yet allow a finer disaggregation of these data.

The lower the value of the index of conformity CON and the Finger-Kreinin index FIN, the higher is the degree of specialisation and, hence, the lower is the degree of similarity between the two examined regions and as a result the co-fluctuation between the employment cycles must be very low. With respect to the coefficient of specialisation SPEC the contrary holds. According to the coefficients of the "specialisation indices" in our regressions explaining correlations coefficients of regional employment cycles, we expect the following conditions to hold:

$$\frac{\partial KOR}{\partial CON} > 0; \qquad \frac{\partial KOR}{\partial FIN} > 0; \qquad \frac{\partial KOR}{\partial SPEC} < 0; \tag{1}$$

$$0 \leq \text{CON} \leq 1 \qquad 0 \leq \text{FIN} \leq 1 \qquad 0 \leq \text{SPEC} \leq 2$$

with the variable KOR representing the Bravais-Pearson correlation coefficient measuring the five-year moving correlation between the residuals of Hodrick-Prescott (HP)-filtered employment of two regions. In other words, employment growth should be more synchronised when regions look more alike in their sectoral structure – for example, when manufacturing plays an important role in both regions, or when agriculture dominates. More specifically, the higher the values of the index of conformity and the Finger-Kreinin index are, the more similar the sectoral structures are between the two examined regions and the higher the degree of synchronicity of the employment cycles should be. However, the contrary is valid for the coefficient of specialisation. The higher the value of SPEC, the less similar the sectoral structures between the two respective regions and the lower the synchronicity of the employment cycles.

In addition to these different specialisation indices we complement our analysis by including selected additional variables. First, we experimented with a dummy variable to deal with the German unification in 1990 and dummies for common borders to capture geographic proximity. However, these variables were only included in a small number of cases in our preferred specification. Second, we include the difference in real income between two regions (see also Imbs, 1999) by taking the absolute value of the difference of the regional GDP deflated by the national consumer price index (annual data from 1975 to 1996). The time periods for the regional GDP data range from 1977 to 1996 for the Belgian regions, from 1980 to 1996 for the French and West German regions, from 1975 to 1996 for Ireland, from 1981 to 1996 for the Dutch regions and from 1980 to 1996 for the Spanish regions. We expect a negative sign for the estimated coefficient of the difference in real incomes, implying a higher correlation of employment cycles if incomes are more similar.

3.2 Stylised Facts

A variety of stylised facts for business cycles is accepted as valid at the national level by many scholars, but for the regional level such relatively indisputable facts are missing. In particular, this could be caused by the fact that adequate regional time series are currently not available. First steps in this direction were undertaken by Fatás (1997) and Clark and Wincoop (2001). In their investigations they found out that the co-movements of economic variables between European regions are decreasing, but not to a statistically significant extent. On the contrary, the correlations of national cycles within Europe seem to increase significantly according to several studies. On a more general level, it seems fair to state that the following picture has emerged in the literature. Despite large regional policy expenditures, regional inequalities in Europe have not narrowed substantially over the last two decades, and according to some measures have even widened. European States have developed increasingly common production structures. But European regions have become increasingly polarised in terms of their employment performance.[8] Seen on the whole, the puzzle of a decreasing synchronicity of within-country regional business cycles alongside with increased synchronicity of national cycles emerges. However, this puzzle can at least be partially solved by searching for possible impact factors (i.e., several specialisation indices) behind this negative regional trend in synchronicity.

In order to check the empirical validity of the above hypothesis we start with some simple scatter plots, presented in Figure 1. This figure shows cross-plots of each of our bi-regional measures for the specialisation indices (CON, FIN and SPEC) and of the bilateral-regional correlation coefficients of residuals of the HP-filtered regional employment for all region-pairs. All variables are averaged over the period 1975 to 1997 (if available). In addition, we fit a tentative bi-variate regression of the correlation coefficient on the specialisation index and an intercept. The corresponding estimated regression line is represented by the straight line in each scatter plot. The least squares method, however, is very sensitive to the presence of a few outlying observations. For this reason we also carry out a form of weighted least squares where outlying observations are given less weight in estimating the regression coefficients (see Cleveland, 1993).

As expressed by the regression lines, the existence of the conjectured negative (positive) relationship between SPEC (CON and FIN) and the correlation coefficient of regional employment growth cannot be rejected at first glance. However, the correlations in the figures appear to be quite weak. Without taking into account additional variables, the extent of specialisation seems to have only weak explanatory power for the employment growth correlations. In the rest of this contribution we tackle this issue more formally. We start our formal empirical analysis with tests of the

8 See Imbs (1998), Clark and Wincoop (2001), Kalemi-Ozcan et al. (2000). A recent paper by Puga (2002) describes these trends, and discusses how recent location theories can help us to explain them and to reconsider the role of regional policies, especially transport infrastructure improvements, in such an environment.

Figure 1
Regional employment growth and regional degree of similarity in the EU

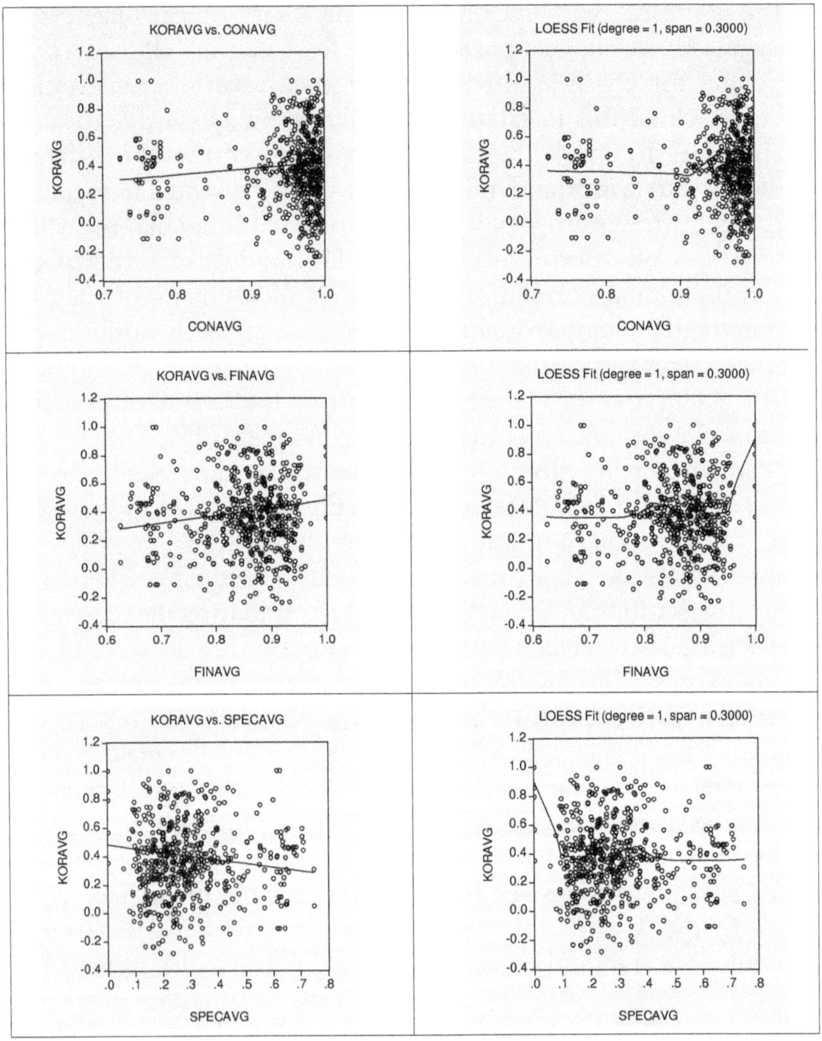

Note: The plots display arithmetic averages (AVG) of the respective variables over the whole sample from 1975 to 1997, if available. LOESS indicates the popular Loess (or LOWESS) techniques for local polynomial regressions with bandwidth based on nearest neighbours described, e.g., in Cleveland (1993).

non-stationarity of the levels and the first differences of the variables under consideration. The test we apply here is the first widely used panel data unit root test by Levin and Lin (1992).[9] As expected, the non-stationarity of the levels of all variables under investigation can be rejected in spite of the rather high (in absolute values) critical values of the test-statistics. This leads us to focus solely on the levels of the variables of interest, namely the correlation coefficient KOR, the relative income RELINC and the three different specialisation indices listed in section 3.1.

4. Empirical evidence

In order to test for a significant relationship between the correlation of regional EU employment cycles and the specialisation indices constructed for region-pairs, we run dynamic panel regressions of the correlation coefficient KOR between two regional employment cycles on its own past level, one of the measures of the degree of similarity, and a variable capturing relative differences with respect to regional income.[10]

9 This test was augmented by Levin and Lin (1992) and critically surveyed by Higgins and Zakrajsek (1999). It represents a direct extension of the univariate ADF test setting to panel data. The results by Levin and Lin indicate that panel data is particularly useful for distinguishing between unit roots and highly persistent stationarity in macroeconomic data and that their unit root test for panel data is appropriate in panels of moderate size as encountered in our study. For detailed results see Belke and Heine (2001).

10 If necessary, a dummy for German unification was included as well. We originally experimented with dummies for common borders as well. However, these dummies did not enter the final specifications due to lack of significance and/or near singular matrix problems. In an earlier version of this paper, we also run regressions under the relatively rigid statistical assumption that all region-pairs in the pool react in the same manner to changes in the concentration measure. However, the results remained similar.

4.1 Empirical model and estimation procedure

Based on our theoretical arguments we conjecture that a decreasing degree of regional similarity tends to reduce the correlation between EU regional employment cycles in a cross-country panel analysis, after controlling for additional variables. To test for a significant negative impact of an increasing degree of specialisation on the correlation between regional employment cycles in the EU, we undertake fixed effects estimations, assuming region-pair specific intercepts and slope coefficients which are the same across units. Based on the general-to-specific approach, the final specification of the underlying regression equations is reached according to the usual diagnostics (see, e.g., Wooldridge, 2003).

We exclusively estimate fixed effects models.[11] However, in the literature random effects models are sometimes implemented instead of fixed effects models, mainly because the FE country-dummies are costly in terms of lost degrees of freedom. We decided to dispense with a random effects estimation because it would only be appropriate, if we really believed that our sampled cross-sectional units were drawn from a large common population as is not the case here. The key distinction between fixed and random effects models is whether the individual effects should be treated as correlated with the x's or not. Correlation would favour the estimation of a fixed effects model. No correlation would support a random effects estimation. In our case there is practically speaking little reason to treat the individual effects as uncorrelated with the other regressors as assumed in the random effects model. Moreover, in our context it is rather clear that fixed effects are likely to be more rigorous as will be discussed later (Greene, 2003, pp. 293ff., and Hsiao, 2002, pp. 149ff.).

For reasons of methodological correctness, we also performed Hausman specification tests to check empirically whether fixed

11 The time dimension of the data available for the EU regions is too small to get reliable estimates from country-specific time-series regressions.

effects is the correct estimation procedure (against the possible alternative of random effects). For this purpose, we compute the Hausman test statistic for testing the null hypothesis of random effects against the alternative hypothesis of fixed effects (Hausman, 1978). Already having an eye on the final regression equations we are concerned with three specifications according to which the correlation coefficient KOR is a function of its own first and second lag, contemporaneous relative income and one of the three different measures of the bilateral similarity lagged one period. The results which reveal evidence in favour of a fixed effects estimation are displayed in Table 3. The null hypothesis that random effects is the better (i.e., unbiased) option is rejected according to the chi-squared tables at the usual significance levels throughout our specifications.[12] Hence, we feel justified to dispense with random effects estimations and to focus on fixed effects models in the remaining part of the paper.

Table 3
Hausman tests for fixed versus random effects (1989-1996)

Measure of specialisation used	*Test statistics*	*Empirical realisation*
Index of conformity (CON)	chi-sqr(4) =	1085.459
	p-value =	0.00
Finger-Kreinin index (FIN)	chi-sqr(4) =	1066.93
	p-value =	0.00
Coefficient of specialisation (SPEC)	chi-sqr(4) =	1066.11
	p-value =	0.00

Numbers in brackets refer to the degrees of freedom of the Chi-square statistics. Estimations are in each case based on a least squares estimation of an equation which specifies the correlation coefficient KOR as a function of its own first and second lag, contemporaneous relative income and one of the three different measures of specialisation lagged one period.

12 We also experimented with estimations based on White standard errors and covariances and got strikingly similar results.

The empirical model we start with is the most common one and can be described as follows:

$$y_{it} = \alpha_i + x'_{it}\beta + \varepsilon_{it}, \tag{2}$$

with y_{it} as the dependent variable (synchronicity), x_{it} and β as k-vectors of non-constant regressors (e.g., one of the specialisation indices CON or FIN or SPEC, the relative income RELINC and a dummy for German unification (DUMGER) and parameters for $i = 1,2, \dots ,N$ cross-sectional units and the periods $t = 1,2, \dots ,T$ for which each cross-section is observed. The parameter β has no subscript because our estimation procedure assumes that it is common to all units. The corresponding setting with respect to a representative dynamic regression equation for one cross-section out of the whole system (described by the index i) is the following:

$$y_{it} = \alpha_i + x'_{it}\beta + \delta y_{i,t-1} + \varepsilon_{it} \tag{3}$$

When estimating our first-order model substantial complications might potentially have to be taken into account. This is due to the heterogeneity of the cross-sections analysed (Greene, 2000, pp. 582ff.). The main problem to be treated in this context is the correlation of the lagged dependent variable (the correlation coefficient KOR lagged one or more periods) with the disturbance, even if the latter does not exhibit autocorrelation itself. However, the Nickell bias, i.e. the one found in the fixed effects model, is much less of a problem when the time dimension is large (Nickell, 1981). In fact we argue that the time dimension in our case is large enough to estimate by within groups, i.e. use the standard fixed effects estimator. We do not worry about instrumenting the lagged dependent variable, because in the present case the use of lags as instruments would look doubtful because measurement error and possibly the moving average nature of the variables tend to induce serial correlation in the error term. Hence, the standard FE estimator is not only simpler but also more rigorous in our case. Hence, we rely on the standard least squares FE estimates where all observations are given equal weight throughout our estimations. As an additional robustness check, we also use the Feasible Generalized Least Squares (FGLS) estimates of the empirical FE model assuming the presence of cross-sectional heteroscedasticity and autocorrelation but without correction for contemporaneous correlation. This neglect is no drawback since correlations across countries might only become relevant in the case of symmetric shocks to regional labour markets and the probability of the latter is typically small in our large EU sample.[20] As usual, we call this kind of estimation procedure the cross-section weights case. It implies that each pool will have an unrestricted intercept and that each pool equation is down-weighted by an estimate of the cross-section residual standard deviation.

4.2 Results

The original sample has been chosen to range from the year of the fall of the iron curtain 1989 to the year 1997. The decision in favour of this sample which fits the data best was taken with an eye on robustness with respect to German unification (with economic anticipation effects felt already in 1989) and on the impact of this choice on the sample available for the so-called Wooldridge-test of serial correlation of residuals in dynamic panels which we use in our estimations. Due to the fact that this test implies a regression equation which contains lagged residuals, the sample for the Wooldridge-test is diminished by one year and now comprises exactly the years in the wake of German economic and monetary union. Due to the fact that the indices used by us are available only up to 1996 the last year of the sample actually used is 1996. All of our representative final regression equation specifications which are displayed in Table 4 include two endogenous lagged correlation coefficients KOR, the respective specialisation index (the index of

13 See the debate on optimum currency areas, e.g., Babetski et al. (2002).

conformity CON, the Finger-Kreinin index FIN or the coefficient of specialisation SPEC), and the variables relative income RELINC and, if significant, also the dummy for German unification DUMGER. With an eye on the annual frequency of the data, we limit possible lags to a number from 0 to 2 (annual data) and then test down until we arrive at the specification fitting best. The number of lags of the relevant variables are determined by the usual goodness-of-fit criteria for panels. By this procedure, we try to ensure that the dynamics of the model are sufficiently rich that serial correlation of the residuals is eliminated.

The fit of each equation is checked by referring to the R-squared, the F-statistics and an AR(1) time series test for the autocorrelation of residuals.[14] The latter test for autocorrelation of the residuals of order one is highly recommended by Wooldridge (2002) for dynamic panels, even if the latter include lagged endogenous variables. It regresses the dependent variable on the independent variable and the lag of residuals from the original equation. Based on this regression for 1990 to 1996, a standard t-test on the significance of the coefficient of the lagged pool residuals is performed. Under the null hypothesis, this coefficient is zero and, thus, there is no autocorrelation of the residuals.[15] The empirical realization of the t-statistics is displayed in Table 4 jointly with the corresponding p-value (denoted as $\hat{t}$). Since the marginal significance level of the F-test of joint significance of all slope coefficients is in all cases clearly below one percent, the p-value is not explicitly tabulated by us. However, the degrees of freedom can be easily read off from the table.[16] We expect positive signs of the estimated coefficients of the index of conformity CON and the Finger-Krei-

14 See Wooldridge (2002), p. 176 f. Serial correlation should not be present in a model which is supposed to be dynamically complete in the conditional mean.

15 A nice feature of the statistics computed is that it works whether or not the regressors are strictly exogenous.

16 The numerator degrees of freedom can be calculated as the number of explanatory variables less one and the denominator degrees of freedom corresponds to the numbers of observations minus the number of regressors.

nin index FIN and a negative sign of the coefficient estimate of the coefficient of specialisation SPEC. We now turn to a final discussion of our representative estimations in Table 4.

Table 4
Impact of the degree of specialisation on the correlation between regional employment cycles in the EU

	(1)	(2)	(3)	(4)	(5)	(6)
Estimation method:						
Fixed effects + no weighting	X		X		X	
Fixed effects + cross-section weights		X		X		X
Regressors:						
Correlation coefficient KOR lagged one period	0.55***	0.52***	0.56***	0.53***	0.56***	0.53***
Correlation coefficient KOR lagged two periods	-0.30***	-0.23***	-0.30***	-0.23***	-0.30***	-0.23***
Coefficient of specialisation:						
CON	*4.63*** (-1)*	*4.37*** (-1)*	/	/	/	/
FIN	/	/	*2.25*** (-1)*	*2.03*** (-1)*	/	/
SPEC	/	/	/	/	*-1.10*** (-1)*	*-1.00*** (-1)*
Relative income (RELINC)	-9.84E-05***	-0.0001***	-9.61E-05***	-0.0001***	-9.63E-05***	-0.0001***
(Weighted) statistics:						
R2	0.66	0.97	0.66	0.97	0.66	0.97
F-statistics	11.05	188.97	10.99	196.94	10.99	197.32
Wooldridge - $\hat{t}$ (p-value)	-0.48 (0.63)	-0.12 (0.90)	-1.12 (0.26)	-0.70 (0.49)	-1.12 (0.26)	-0.67 (0.50)

Each estimation uses 2956 total panel observations and 435 cross-sections. The sample in each case is 1989-1996. Numbers in brackets indicate the lag of the implemented regressor. If not otherwise indicated the variable is inserted contemporaneously. / means that the variable is not included. ***, **, * indicate significance at the 1, 5 and 10 percent levels respectively.

Table 4 contains a rather strong result. Independent of the specific measure of the bilateral degree of similarity (the index of conformity CON, the Finger-Kreinin index FIN or the coefficient of specialisation SPEC), the estimated coefficients measuring the impact of the degree of similarity on the correlation between regional employment cycles in the EU are always significant at the one percent level. Moreover, the coefficient estimates always display the expected sign. The economic impact of the relative income on the degree of correlation between regional employment cycles originally claimed by Imbs (1999) is small but economically non-negligible. If cross-section weights are used, the estimated coefficients are slightly smaller but nevertheless highly significant with the expected sign. The dummy for German unification is significant in only a small number of cases. The available test statistics in the lower part of both tables point towards correct specifications of the final regression equations. Most important, according to the Wooldridge test statistics the dynamics of the final models are sufficiently rich that serial correlation of the residuals is absent. The lags of the dependent and/or explanatory variables appear to be long enough in this respect. The broad result that emerges from Table 4 is that the exact specification of the specialisation index does not really affect the role of the regional specialisation pattern for business cycle synchronisation in general. Complementary investigations show that the use of covariances which are robust to general heteroscedasticity do not change our results. Also from this point of view, the results displayed in table 4 are quite representative.

Finally, we would like to stress a common feature of all estimation results, namely the fact that our specialisation indices enter most of the regression equations not contemporaneously but with a lag. This clear pattern underlines the validity of our prior that the measures of similarity are exogenous with respect to the correlation coefficient. However, a nice feature of the Wooldridge statistics computed to test for the absence of residual autocorrelation is anyway that it works whether or not the regressors are strictly exogenous.

5. Summary and outlook

This paper examines the degree of correlation in EU regional employment cycles and attempts to show whether this reflects changing patterns of specialisation. The approach taken in this paper is closest in spirit to Clark and Wincoop (1999) although it looks at regional rather than national indicators of similarity. With its focus on the regional level and by using three different indicators of similarity of sectoral structure, it goes beyond existing studies. The empirical method adopted is to estimate a dynamic panel data model for region-pairs by within groups, i.e. a standard fixed effects estimator. Special attention is paid to ensure that the dynamics of the model are sufficiently rich that serial correlation is eliminated. The key finding is that employment growth is more synchronised in a statistical and econometric way when regions look alike in their sectoral structure. This finding is robust in two dimensions. First, in contrast to most of the empirical literature, we used three different indicators to approximate the regional sectoral structure. Since the results are not sensitive to the choice of the indicator, the relationship between the sectoral structure and the co-movement of employment cycles seems to be stable. Second, our key finding closely corresponds with the results from Clark and Wincoop (2001) with the only exception, that they do not focus on and quantify the regional specialisation patterns. Instead, they just used a national index, therefore implicitly assuming, that regions are homogenous entities.

The section on stylised facts mentions that the degree of synchronicity of regional employment cycles has declined in the past for a majority of region-pairs. The evidence in favour of a decreasing synchronicity of regional employment cycles is implicitly backed by other studies with a regional focus (Fatás, 1997, Clark and Wincoop, 2001). This result is in contrast to many studies with a national focus (e.g., Barrios et al., 2001) which indicate an increasingly closer correlation of national business cycles between countries which are now members of EMU (e.g., Artis and Zhang, 1997 and Christodoulakis et al., 1995). In section 2 we called this a puzzle which is likely to be of fundamental importance in driving the results and is also important for the context in which we see this contribution. According to our estimation results, the trend decline of synchronicity of business cycles at the regional level could be explained mainly through changes in the sectoral structure, given the small impact of relative incomes. However, this paper can only potentially solve part of the puzzle, because it cannot explain why synchronicity between EU national cycles has grown at the same time. However, well-founded speculations in this direction could for instance start from the insight that the industrial structure of the EU countries as a whole represents an average of its different regional sectoral structures. Hence, industrial structures do not differ that much from each other on a national level as they do on a regional level by construction.

However, one should be careful and not draw premature conclusions from the quite consistent empirical results gained in this paper. Above all, one should not open discussions which risk to imply that low synchronisation of regional cycles is a problem when it could be optimal. According to the New Economic Geography literature, low synchronisation might instead just be an expression of agglomeration tendencies on a regional level which take place according to an optimising calculus. Centripetal or centrifugal forces which determine the degree of agglomeration are determined by the degree of integration or, to be even more concrete, by the magnitude of transportation costs.

References

Amiti, M. (1997), Specialisation Patterns in Europe, Weltwirtschaftliches Archiv 135, 573–593.

Artis, M.J. and W. Zhang (1997), International Business Cycles and the ERM: Is there a European Business Cycle?, International Journal of Finance and Economics 2, 1–16.

Babetski, J., L. Boone and M. Maurel (2002), Exchange Rate Regimes and Supply Shocks Asymmetry: The Case of the Accession Countries, CEPR Discussion Paper No. 3408, Centre for Economic Policy Research, London.

Barrios, S., M. Brülhart, R. Elliott and M. Sensier (2001), A Tale of Two Cycles: Co-fluctuations between UK Regions and the Euro Zone, University of Nottingham research paper series, Nr. 02/2001.

Baxter, M. and R. G. King (1999), Measuring Business Cycles: Approximate Band-Pass Filters for Economic Time Series, Review of Economics and Statistics 81, 575–593.

Belke, A. and J.M. Heine (2001), On the Endogeneity of an Exogenous OCA-Criterion: The Impact of Specialisation on the Synchronisation of Regional Business Cycles, HWWA Discussion Paper No. 119, HWWA-Institute for Economic Research Hamburg.

Brülhart, M. (2002), Labour-Market Effects of Intra-Industry Trade: Evidence for the United Kingdom, Weltwirtschaftliches Archiv 138, 207–228.

Caporale, G.M., N. Pittis and K. Prodromidis (1999), Is Europe an Optimum Currency Area? Business Cycles in Europe, Journal of Economic Integration 14, 169–202.

Christodoulakis, N., S.P. Dimelis and T. Kollintzas (1995), Comparisons of Business Cycles in the EC: Idiosyncrasies and Regularities, Economica 62, 1–27.

Clark, T.E. and K. Shin (2000), The Sources of Fluctuations within and across Countries, in: Hess, G. and E. van Wincoop, eds., Intranational Macroeconomics, Cambridge University Press, 189–217.

Clark, T.E. and E. van Wincoop (2001), Borders and Business Cycles, Journal of International Economics 55, 59–85.

Cleveland, W.S. (1993), Visualizing Data, Hobart Press.

European Central Bank (1999), Monthly Bulletin, July, Frankfurt, 35–58.

Fatás, A. (1997), Countries or Regions? Lessons from the EMS Experience, European Economic Review 41, 743–751.

Finger, J.M. and M.E. Kreinin (1979), A Measure of 'Export Similarity' and its Possible Uses, Economic Journal 89, 905–912.

Forni, M. and L. Reichlin (1997), National Policies and Local Economies: Europe and the United States, CEPR Discussion Paper No. 1632, Centre for Economic Policy Research, London.

Frankel, J. A. and A. K. Rose (1998), The Endogeneity of the Optimum Currency Area Criteria, The Economic Journal 108, 1009–1025.

Greene W. H. (2000), Econometric Analysis, 4th ed., New Jersey.

Greene, W. H. (2003), Econometric Analysis, 5th ed., New Jersey.

Greenaway, D. and R. C. Hine (1991), Intra-Industry Specialization, Trade Expansion and Adjustment in the European Economic Space, Journal of Common Market Studies 29, 603–622.

Hausman, J. (1978), Specification Tests in Econometrics, Econometrica 46, 1251–1271.

Higgins, M. and E. Zakrajsek (1999), Purchasing Power Parity: Three Stakes Through the Heart of the Unit Root Null, Federal Reserve Bank of New York, mimeo.

Hodrick, R. J. and E. C. Prescott (1997), Postwar U.S. Business Cycles: An Empirical Investigation, Jounral of Money, Credit and Banking 29, 1–16.

Hsiao, C. (2002), Analysis of Panel Data, Cambridge.

Imbs, J. (1999), Co-Fluctuations, CEPR Discussion Paper No. 2267, Centre for Economic Policy Research, London.

Inklaar, R. and J. DeHaan (2001), Is There Really a European Business Cycle?, Oxford Economic Papers 53, 215–220.

Kim, S. (1999), Expansion of Markets and Geographic Distribution of Economic Activities: The Trends in US Regional Manufacturing Structure, 1860–1987, Quarterly Journal of Economics 110, 881–908.

Krieger-Boden, C. (1999), Nationale und regionale Spezialisierungsmuster im europäischen Integrationsprozess, Die Weltwirtschaft 2, 234–254.

Krugman, P. (1991), Increasing Returns and Economic Geography, Journal of Political Economy 99, 483–499.

Krugman, P. (1998), What's New about the New Economic Geography, Oxford Review of Economic Policy 14, 7–17.

Levin, A. and C.-F. Lin (1992), Unit Root Tests in Panel Data: Asymptotic and Finite-Sample Properties, University of California, San Diego, Department of Economics Discussion Paper 92–23, May.

Midelfart-Knarvik, K. H., H. G. Overman, S. J. Redding, and A. J. Venables (2000), The Location of European Industry, CEPR Discussion Paper Nr. 2618, Centre for Economic Policy Research, London.

Molle, W. (1997), The Regional Economic Structure of the European Union: An Analysis of Long-Run Developments, in: Peschel, K., ed., Regional Growth and Regional Policy within the Framework of European Integration, Heidelberg, 66–86.

Nickell, S. (1981), Biases in Dynamic models with Fixed Effects, Econometrica 49, 1417–1426.

OECD (1999), EMU: Facts, Challenges and Policies, Paris.

Puga, D. (2002), European Regional Policies in Light of Recent Location Theories, Journal of Economic Geography 2, 373–406.

Quantitative Micro Software (2000), EViews – Command and Programming Reference, Irvine, California.
WIFO (1999), Specialisation and (Geographic) Concentration of European Manufacturing, Austrian Institute for Economic Research, Report of a Study for the Enterprise DG of the European Commission, Brussels.
Wooldridge, J. M. (2002), Econometric Analysis of Cross-Section and Panel Data, MIT Press, Cambridge, Mass.

Variable annex

KOR: Bravais-Pearson correlation coefficient measuring the five-year moving correlation between the residuals of HP-filtered employment of two regions.

CON: Index of conformity as defined in Table 2.

SPEC: Finger-Kreinin index as defined in Table 2.

FIN: Coefficient of specialisation as defined in Table 2.

RELINC: Relative income for a region-pair, calculated as the absolute value of the difference between the logarithms of real GDP of these two regions. Nominal regional GDP was deflated by the consumer price index of the country the respective regions belong to.

DUMGER: Dummy for German unification coded as 1 for the period from 1990 on, otherwise 0.

Data sources and more detailed specifications of each variable are described in section 3.

Michael Graff*

Identifikation internationaler Konjunkturverbunde anhand des Kapitalkoeffizienten

Dieser Beitrag gibt zunächst eine begriffliche Klärung des Konzepts „internationaler Konjunkturverbund". Danach wird gezeigt, wie mit Rückgriff auf eine einfache Approximation der Variablen „Kapazitätsauslastung" anhand von nur zwei Jahreszeitreihen (Bruttoinlandprodukt und Investitionsquote) eine international vergleichbare Bestimmung der konjunkturellen Position eines Landes erfolgen kann. Angewendet auf 26 entwickelte Länder mit Daten von 1960–2003 erhalten wir 26 Jahreszeitreihen, die jeweils 41 Beobachtungen umfassen. Diese unterziehen wir einer hierarchischen Clusteranalyse. Die Zuordnung zu einem Konjunktur-Cluster ist dabei exklusiv und erfolgt auf einer binären Skala (ja/nein). Im nächsten Schritt greifen wir auf ein anderes heuristisches Verfahren zur Klärung der Datenstruktur, die Hauptkomponentenanalyse zurück, welche eine fünfdimensionale Struktur aufzeigt. Länder, die zusammen stark auf einer der Haupt komponenten laden, können als Konjunkturverbund interpretiert werden. Die Zugehörigkeit ist dabei graduell definiert und nicht auf eine Ländergruppe beschränkt.

Keywords: Internationale Konjunkturverbunde, Kapazitätsauslastung, Clusteranalyse

JEL-Codes: E22, E32, C50

* PD Dr. Michael Graff, Bereichsleiter Konjunktur, ETH Zürich, WEH, Konjunkturforschungsstelle, CH-8092 Zürich, Schweiz, Tel.: ++41 +44 632-4219. E-Mail: michael.graff@kof.gess.ethz.ch.

1. Einleitung

Das Konzept „internationaler Konjunkturverbund“ ist von dem der „Weltkonjunktur“[1] zu unterscheiden. In beiden Fällen verläuft der Konjunkturzyklus über mehrere nationalstaatlich abgegrenzte Volkswirtschaften hinweg synchron oder – sofern es Konjunkturgeber und Konjunkturnehmer gibt – mit nur geringer Phasenverschiebung. Im ersten Fall handelt es sich aber immer noch um eine analytisch in Regionen oder Wirtschaftsblöcke abgrenzbare Weltwirtschaft, während im letzteren eine „globalisierte“ Weltwirtschaft mit höchstens einem Zentrum als Konjunkturgeber und einer Peripherie als Konjunkturnehmer vorläge.

Bei einer durch Konjunkturverbunde gekennzeichneten Weltwirtschaft wäre für das einzelne Land zu fragen, welchem Konjunkturverbund es zuzurechnen ist und ob es dort eher Konjunkturgeber oder -nehmer ist. Auf der nächsten Ebene wäre das Verhältnis der Konjunkturverbunde untereinander zu analysieren. Dabei ist vieles denkbar: ein loses Nebeneinander, eine Hierarchie von Abhängigkeiten oder eine differenzierte Vernetzung, bei der einzelne Länder in unterschiedlich starkem Masse in die verschiedenen Konjunkturverbunde integriert sind, und zwar sowohl als Konjunkturgeber als auch als Konjunkturnehmer. Wesentlich einfacher würde sich die Analyse dagegen im Falle einer einzigen Weltkonjunktur darstellen: In diesem Falle wäre für die einzelnen Länder zu untersuchen, in welchem Masse sie zum Zentrum bzw. zur Peripherie zuzurechnen sind.

Diese analytisch hilfreichen Idealtypen werden nun aber kaum in reiner Form auftreten. Vielmehr ist davon auszugehen, dass Konjunkturprozesse verschiedener Dimensionen gleichzeitig wirksam sind: regionale, nationale, mehrere Volkswirtschaften umfassende sowie ein weltweit wirkender, die sich überlagern, was die Identifikation am einzelnen Beobachtungsobjekt erschwert. Dies impli-

1 Zum Konzept des „Weltkonjunkturzyklus“ vgl. Gregory et al. (1997).

ziert aber auch, dass mit zunehmender Integration der Einzelkonjunkturen auch die Analyse ihre Beobachtungsbasis verbreitern muss.

Die Wirtschaftsgeschichte der letzten Jahrzehnte lässt nun in der Tat eine zunehmende Durchlässigkeit des national definierten Wirtschaftsraums erkennen, wobei die typische Entwicklung aber nicht in Richtung allseitiger Marktöffnungen verläuft.[2] Charakteristisch ist eher, dass die wirtschaftpolitische Öffnung der Einzelstaaten mit einer Konsolidierung von supranationalen Wirtschaftsräumen einhergeht, die sich im Inneren in mehr oder weniger starkem Ausmass gegeneinander öffnen, nach aussen aber gemeinsam als Block – z. B. als Zollunion oder als gemeinsamer Markt für Güter und/oder Produktionsfaktoren – auftreten. Das typische Muster der wirtschaftlichen Globalisierung ist also zurzeit die Blockbildung.

Aus diesem Rahmen fallen vielleicht die USA als die dominierende Volkswirtschaft der zweiten Hälfte des 20. Jahrhunderts.[3] Mit dem US-$ als internationaler Fakturierungs- und Reservewährung, hochliquiden Anlagemärkten, die in Theorie und Praxis praktisch die Referenzgrösse für den „sicheren“ Zinssatz liefern, sowie einer dynamischen Produktion und Konsumtion trägt die Wirtschaft der USA massgeblich zur internationalen Preisbildung bei und ist wie bislang kein anderes Land an den international bewegten Mengen beteiligt. Insgesamt ist die Weltwirtschaft somit derzeit wohl am besten als hierarchisch polyzentrisch zu verstehen; wobei die USA nicht nur innerhalb von Konjunkturverbunden, sondern weltweit als Konjunkturgeber in Betracht zu ziehen sind und die übrigen Länder – in unterschiedlicher Ausprägung – in verschiedene Konjunkturverbunde integriert sind.

Offensichtlich ist nun, dass einige der konjunkturtreibenden Faktoren stärker binnenorientiert wirken als andere, bei denen z. B. der internationale Wirtschaftsverkehr dafür sorgt, dass die verschiedenen Länder im Zeitablauf mit den gleichen oder zumindest sehr

2 Für eine stilisierte Wirtschaftsgeschichte aus handelspolitischer Sicht vgl. Bergsten (2001).

3 Vgl. dazu u. a. Gregory/Head (1999) und Siebert (2002).

ähnlichen Bedingungen konfrontiert werden. Weiter ist zu berücksichtigen, dass die Konjunkturfaktoren mit internationaler Ausstrahlung sich nicht auf jedes Land in gleichem Masse auswirken. So bedingen geographische, kulturelle und technologische Nähe bzw. Ähnlichkeit tendenziell ähnliche Reaktionen auf die gleichen international gegebenen Umweltzustände oder auf die internationale Nachfrage- und Angebotsituation. Von Bedeutung ist auch die Marktgrösse, da ein grosser Heimat- oder Binnenmarkt ceteris paribus mit einem geringeren internationalen Wirtschaftsaustausch einhergeht. Zudem sind grössere Länder tendenziell in geringerem Masse Preisnehmer als andere, und auch mengenmässig sind grössere Länder potentiell dominantere Marktteilnehmer. Ferner ist zu beachten, dass die „konjunkturelle Nähe" kein statischer Umweltzustand ist, sondern durch wirtschaftliche und politische Integration oder Desintegration zu- oder abnehmen kann. So ist z.B. mittlerweile gut dokumentiert, dass der Prozess der europäischen Wirtschaftsintegration die betroffenen Ländergrenzen in den vergangenen Jahren konjunkturdurchlässiger gemacht hat.[4] Die konjunkturelle Integration ist dennoch bei weitem nicht vollständig; insbesondere der private Konsum, der in der Regel den Grossteil der gesamtwirtschaftlichen Endnachfrage ausmacht, ist weiterhin stark von länderspezifischen Eigenheiten geprägt.[5] Zudem scheint sich jüngsten Ergebnissen zufolge die in den 80er und frühen 90er Jahren feststellbare Vertiefung der konjunkturellen Integration der EG/EU als ganzes abzuflachen.[6] So können noch immer deutliche Konjunkturverbunde innerhalb Europas sowie konjunkturelle Gleichläufe von europäischen Ländern mit wichtigen aussereuropäischen Ländern und Wirtschaftsräumen identifiziert werden, und die europäischen Ländergrenzen sind weiterhin auch Grenzen für volkswirtschaftliche Konjunkturen.[7]

4 Vgl. u.a. Fatás (1997) und Siebert (2002).
5 Vgl. Ambler et al. (2004).
6 Vgl. Artis (2003).
7 Vgl. Clark/van Wincoop (2001).

Schliesslich können wir an dieser Stelle festhalten, dass die Konjunkturforschung gegenwärtig verschiedene theoretische Erklärungen für das Entstehen und das Bestehen internationaler Konjunkturverbunde anbietet. Potentielle Transmissionsmechanismen, sind vor allem die aussenwirtschaftliche Verflechtung, d.h. der internationale Austausch von Waren und Dienstleistungen und Produktionsfaktoren und monetäre Faktoren wie Bewegungen von Preisen, Wechselkursen, Zinsen und Renditen. Hinzu kommen supranational wirkende Schocks, technologische Entwicklungen sowie psychologische Faktoren mit internationaler Verbreitung, wie die Konsumentenstimmung, die Beurteilung der Geschäftsaussichten oder Veränderungen der Präferenzen. Konjunktur ist also ein mehr oder weniger internationales Phänomen. Global sollte sich die Konjunktur daher als ein vielschichtiges Geflecht von Einzelkonjunkturen, Regionalkonjunkturen, Industriekonjunkturen und weltweit wirksamen Entwicklungen darstellen. Weiter ist zu erwarten, dass kleinere Volkswirtschaften tendenziell eher Konjunktur*nehmer* sind und grössere eher Konjunktur*geber*.

2. Vorliegende Studien über internationale Konjunkturverbunde

Im Folgenden wird eine Übersicht über die Methoden und die Ergebnisse von jüngeren empirischen Studien zu internationalen Konjunkturverbunden gegeben. Den meisten Versuchen, auf empirische Weise internationale Konjunkturverbunde zu identifizieren und zu charakterisieren liegt – zumindest implizit – das NBER-Konzept von Burns/Mitchell (1946) zugrunde, wonach der Konjunkturzyklus aus einer gemeinsamen konjunkturellen Bewegung verschiedener volkswirtschaftlicher Grössen besteht. Dieser Auffassung entsprechend, aber mit neuesten Methoden, versuchen verschiedene aktuelle Studien, internationale Konjunkturverbunde empirisch als dynamische Faktormodelle zu spezifizieren.[8] Dazu wird in einem mehrdimensionalen Variablenraum von Zeitreihen ökonomischer Variablen ausgewählter Länder[9] eine geringerdimensionale Anzahl gemeinsamer Faktoren bestimmt, deren Kovarianzstruktur im Zeitablauf als veränderlich modelliert wird. Die ersten Resultate dieses Ansatzes sind vielversprechend. So zeigt sich, dass das Faktormodell hinreichend allgemein ist, um bei einer Vielzahl von ökonomischen Datensätzen mittels des ersten Faktors charakteristische Bewegungsmuster konjunktureller Art zu identifizieren, und Studien, die eine grössere Anzahl von Ländern berücksichtigen, finden in der Regel die aus theoretischer Sicht zu erwartende hierarchische Struktur, in der Konjunkturzyklen und gemeinsame Schocks mit unterschiedlicher Verbreitung sich gegenseitig überlagern. Aufschlussreich ist auch der Befund, dass die weltweit wirksame Komponente massgeblich von Schocks getrieben wird, während zyklische Bewegungen eher regionaler Natur sind.[10]

Besonders erwähnt sei aus der Gruppe der Untersuchungen, die auf dynamische Faktormodelle zurückgreifen noch die Arbeit von Kose et al. (2003). Diese Autoren unterziehen drei aus den „Penn World Tables“ entnommene Jahreszeitreihen für Output, Konsum Investition über Länder von 1960–1990 einer dynamischen Faktoranalyse und identifizieren dabei einen „Weltfaktor“ sowie die Regionalfaktoren „Nordamerika“, „Europa“, „Ozeanien“, „Lateinamerika“, „Afrika“ und „Asien (reich)“ sowie „Asien (arm)“. Diese Untersuchung ist insoweit bemerkenswert als sie auf ein ver-

8 Vgl. z.B. Norrbin/Schlagenhauf (1996), Gregory et al. (1997), Forni et al. (2001), Kose et al. (2003) und Marcellino et al. (2003).

9 Dynamische Faktormodelle sind natürlich auch zur Identifikation von Konjunkturen nach dem NBER-Konzept innerhalb *eines* Landes oder *einer* Region geeignet, vgl. z.B. Stock/Watson (1999), Bandholz/Funke (2003) und Mariano/Murasawa (2003).

10 Vgl. Malek Mansour (2003).

gleichsweise breites Ländersample zurückgreift,[11] wodurch – im Unterschied zum Gros der übrigen Studien – die in der Analyse aufgezeigte Mehrebenen-Struktur der Konjunktur ein überzeugenderes Bild der Weltkonjunktur ergibt als es Studien mit kleineren Ländergruppen erlauben. Ein Resultat dabei ist, dass der „Weltfaktor", der offensichtlich die weltweiten Angebotsschocks repräsentiert, bereits einen beträchtlichen Anteil der Gesamtfluktuationen erklärt. Ausserdem ist die konjunkturelle Integration innerhalb der entwickelten Länder ausgeprägter als in ärmeren Teilen der Welt. Innerhalb der entwickelten Regionen ist der nordamerikanische Konjunkturverbund (die NAFTA-Länder umfassend) der Bereich der stärksten Integration. Weiter bestätigt diese Untersuchung, dass Verbrauch und Investition weniger international integriert sind als die umfassendere Grösse Output.

Ein Nachteil bei der dynamischen Faktoranalyse sind allerdings die hohen Anforderungen an die Datenbasis – benötigt werden mehrere über verschiedene Länder hinweg konsistent gemessene Zeitreihen aussagefähiger Konjunkturindikatoren – und der Berechnungsaufwand, der den Rahmen herkömmlicher ökonometrischer Verfahren deutlich übersteigt. Die vorliegende empirische Literatur zu internationalen Konjunkturverbunden greift daher nach wie vor auch auf weniger komplexe Verfahren zurück, und die resultierenden Ergebnisse sind nicht weniger aufschlussreich.

So untersuchen Christodoulakis et al. (1995) tiefpassgefilterte Quartalsreihen der EU-Länder auf aussagefähige Kreuzkorrelationen und finden einen ausgeprägten Gleichlauf bei der BIP-Wachstumsrate, woraus die Autoren schliessen, dass die damalige EU einen Konjunkturverbund konstituiert. Ambler et al. (2004) berechnen für eine Reihe von entwickelten Ländern paarweise Kreuzkor-

11 Die Erweiterung des üblichen Samples von rund 20 Ländern auf 60 hat natürlich ihren Preis. So analysieren Kose et al. (2003) jährliche statt der üblichen Quartalsreihen, und die Qualität der für die weniger entwickelten Länder in den „Penn World Tables" angeführten Daten ist stellenweise äusserst zweifelhaft. (Vgl. hierzu Abschnitt 3.1 des vorliegenden Beitrags.)

relationen verschiedener makroökonomischer Wirtschaftsindikatoren und finden zahlreiche positive, wenngleich wenig ausgeprägte Zusammenhänge. Nur der private Konsum zeigt kaum internationale Korrelation. Lumsdaine/Prasad (2003) identifizieren anhand einer zeitlich variierenden Gewichtungsmatrix, die sie aus „stilisierten Fakten" nationaler und internationaler Konjunkturbewegungen herleiten, einen europäischen und einen Weltkonjunkturfaktor. Artis/Zhang (2001) identifizieren anhand eines auf der Theorie des optimalen Währungsraumes fussenden Datensatzes für eine Auswahl von OECD-Ländern anhand einer hierarchischen Clusteranalyse eine an Deutschland angelehnte Kern-Gruppe (Deutschland, Frankreich Niederlande, Belgien und Österreich), eine „nördliche" Peripherie-Gruppe (Dänemark, Irland, UK, Schweiz, Schweden, Norwegen und Finnland), eine „südliche" Peripherie-Gruppe (Italien, Spanien, Portugal und Griechenland), eine nordamerikanische Gruppe (USA und Kanada) sowie als konjunkturellen Einzelgänger Japan. Schliesslich sei noch die Arbeit von Artis (2003) erwähnt, in der für eine gegenüber Artis/Zhang (2001) deutlich vergrösserte Auswahl von OECD-Ländern ein auf Kreuzkorrelationen des BIP-Verlauf beruhendes Dissimilaritätsmass konstruiert und einer hierarchischen Clusteranalyse unterzogen wird. Es zeigt sich auch hier, dass Länder mit sozioökonomischen Gemeinsamkeiten Cluster bilden, die nicht der Abgrenzung der dominierenden Wirtschaftsblöcke entsprechen.[12]

Zusammenfassend halten wir an dieser Stelle fest, dass die in der jüngeren Vergangenheit vorgelegten empirischen Studien über internationale Konjunkturverbunde im wesentlichen das theore-

12 So finden sich auf der untersten Ebene z. B. Deutschland und Österreich, Kanada und Australien sowie Neuseeland und Süd-Korea im jeweils gleichen Cluster. Hinzugefügt sei, dass sich aus Sicht des Verfassers erstaunlicherweise empirische Untersuchungen zu Konjunkturverbunden nur in Einzelfällen der hierarchischen Clusteranalyse bedienen, obwohl dieses Instrument als heuristisches Verfahren zur Identifikation von konjunkturellen Verflechtungen wertvolle Beiträge leisten kann. (Vgl. dazu Abschnitt 3.2 des vorliegenden Beitrags.)

tisch vorauszusagende Bild einer hierarchisch-polyzentrischen Verflechtung auf verschiedenen Ebenen bestätigen. Ferner wird der Zusammenhang am deutlichsten, wenn das Bruttoinlandprodukt oder ein anderer Indikator für die Wertschöpfung betrachtet wird, der den Aussenhandel einschliesst; die Binnennachfragekomponenten Konsum und Investition sind konjunkturell weit weniger stark international integriert. Bei den makroökonomischen Reihen, deren gemeinsame Bewegung zur Identifizierung von konjunktureller Verflechtung herangezogen wird, dominieren bei dynamischen Faktoranalysen Bündel aus Indikatoren. Ansonsten werden einzelne Reihen betrachtet, und zwar vor allem das Bruttoinlandprodukt, der Konsum und die Investitionen. Widersprüchlich beantwortet wird die Frage, ob die internationale Konjunkturintegration in den letzten Jahrzehnten zugenommen hat, und auch hinsichtlich der Zuordnung einzelner Länder zu bestimmten Konjunkturverbunden zeigen sich von Studie zu Studie Unterschiede, wofür nicht zuletzt die zuweilen schmale Datenbasis der typischen Untersuchungen verantwortlich sein dürfte, die sich auf eine Auswahl von wenigen bis zu etwa zwei Dutzend Ländern stützten.

Schliesslich sei festgehalten, dass das Phänomen der internationalen Konjunkturverflechtung mit sehr unterschiedlichen Methoden analysiert wird, wobei zur Zeit die von den technischen und Datenanforderungen vergleichsweise anspruchsvolle dynamische Faktoranalyse vorherrscht, aber auch die Analyse von Kreuzkorrelationen ist ein regelmässig beschrittener Weg. Wenig verbreitet ist dagegen bislang in diesem Forschungsfeld das vom Design her dem Untersuchungsgegenstand angemessene Instrument der hierarchischen Clusteranalyse.

3. Eine empirische Analyse anhand des Kapitalkoeffizienten

Die empirische Forschung bedient sich zur Identifizierung von Konjunkturverbunden verschiedener Verfahren, die jeweils unterschiedliche Vor- und Nachteile aufweisen. So ist die dynamische Faktorenanalyse eine theoretisch nachvollziehbare Implementierung des NBER-Konzepts, welches Konjunktur als Gleichlauf einer Vielzahl makroökonomischer Reihen auffasst. Für die empirische Implementierung stellt aber die Datenverfügbarkeit eine hohe Hürde dar, sofern die Analyse nicht auf wenige Länder mit solider statistischer Datenbasis beschränkt bleiben soll. Die Korrelationsanalyse einzelner Reihen wie des Bruttoinlandprodukts, des Konsums oder der Investitionen ermöglicht dagegen eine deutliche Verbreiterung des Länderquerschnitts, was für die empirische Implementierung des Konzepts einer hierarchisch aufgebauten „Weltkonjunktur" von grossem Vorteil ist. Auf der anderen Seite ist aber die Erfassung der konjunkturellen Position anhand solcher Einzelreihen nur sehr eingeschränkt möglich, denn die Konjunktur manifestiert sich nicht in den Niveaus oder den Wachstumsraten dieser Reihen, sondern in der Über- oder Unterauslastung der produktiven Ressourcen einer Volkswirtschaft.

Im folgenden wird daher der Versuch unternommen, die vorliegende empirische Literatur zum internationalen Konjunkturzusammenhang um einen Ansatz zu erweitern, der einerseits vergleichsweise geringe Anforderungen an die Daten stellt und somit zur Analyse von Samples geeignet ist, die auch weniger entwickelte Länder umfassen, dabei aber auf ein theoretisch möglichst solides Mass für die konjunkturelle Position zurückgreift.

3.1 Eine neues Mass für die konjunkturelle Entwicklung

Auf welche Daten können wir für zur vergleichbaren, transparenten und auf wenige Daten angewiesenen Bestimmung der konjunkturellen Position verschiedener Länder im Zeitablauf zurückgreifen? Ein hierfür zunächst in Betracht zu ziehendes Mass wäre die Arbeitslosigkeit $(A_t^* - A_t)/A_t^*$, wobei A_t^* das Arbeitskräftepotential bezeichnet und A_t das zum Zeitpunkt t realisierte tatsächliche Beschäftigungsvolumen. Dies ist angesichts der Datenlage für international und intertemporale Vergleiche jedoch so gut wie aussichtslos. Hinzu kommt, dass die Arbeitsauslastung der Konjunktur tendenziell nachläuft und zudem weit weniger konjunkturreagibler ist als die Sachkapitalauslastung.

Weniger kritisch in Bezug auf den Gleichlauf mit der Konjunktur und die Konjunkturreagibiltät ist der so genannte „Output Gap" $(Y_t - Y^*_t)/ Y^*_t$, der als die relative Abweichung des zum Zeitpunkt t beobachtbaren Outputs Y von seinem Gleichgewichts- bzw. Potential oder Normalauslastungswert Y^* definiert ist. Der Output Gap ist ein theoretisch einleuchtendes Konzept und daher unter Theoretikern wie Praktikern weit verbreitet. Unglücklicherweise steht und fällt das Konzept für praktische Anwendungen mit der Bestimmung von Y^*, einer inhärent unbeobachtbaren Variablen.[13] Idealerweise müsste hierzu eine makroökonomische Produktionsfunktion spezifiziert und mit Gleichgewichts-Zeitreihen aller Inputs zur Berechnung des gleichgewichtigen Outputpfades Y^*_t herangezogen werden. Da dieser Weg mit mannigfaltigen Unsicherheiten behaftet ist, wird praktisch meist auf ein statistisches Verfahren zurückgegriffen, welches darin besteht, mit einem Tiefpassfilter den Trend der Y_t-Reihe zu isolieren und diesen als die Gleichgewichtszeitreihe Y^*_t aufzufassen. Diese statistische Operationalisierung besticht durch ihre Einfachheit, die Annahme „univariater Trend = Potential" hat aber die aus konjunkturtheoretischer Sicht entscheidende Schwäche, alle weiteren Informationen

13 Vgl. hierzu Graff (2004).

zu ignorieren, die zu einer Korrektur des Potentials führen könnten. Exogene Schocks oder technologische Entwicklungen, die zu persistenten Niveauveränderungen beim Produktionspotential führen, werden dabei ebenso ignoriert wie Veränderungen im Bestand der akkumulierbaren Produktionsfaktoren Sach- und Humankapital aufgrund vermehrter Investitionen oder De-Investitionen. Besonders kritisch erscheinen dabei die letztgenannten Punkte: während Schocks beim beobachteten Output, die vom Tiefpassfilter herausgefiltert werden, im statistischen Output Gap zu Recht als Abweichungen vom Potential erscheinen, müssten technologische Entwicklungen oder Veränderungen der Kapitalausstattungen bei der Potentialbestimmung berücksichtigt werden. Darauf beruhende Zunahmen oder Verminderungen des Outputs werden vom statistischen Output Gap aber fälschlicherweise als konjunkturelle Erscheinungen ausgewiesen.

Um diesem Fehler entgegenzuwirken, sollte bei der Bestimmung der konjunkturellen Position wenn möglich direkt auf Information über die Entwicklung des Produktionspotentials zurückgegriffen werden. Ein Schritt in diese Richtung besteht nun darin, nicht nur die Entwicklung von Y_t zu betrachten, sondern auch die des Kapitalstocks K_t, dem in für konjunkturelle Analysen entscheidenden Bestimmungsfaktor des Potentialoutputs. Bei einer kurzfristigen Produktionsfunktion vom Typ

$$Y_t = f(K_t)$$

ist somit die Kapitalproduktivität $(Y/K)_t$ bzw. der Kapitalkoeffizient $v_t = (K/Y)_t$ der einzige Technologieparameter. Bei diesem modifizierten Ansatz zur Bestimmung der konjunkturellen Position eines Landes betrachten wir also nicht die Zeitreihe Y_t, sondern die des Kapitalkoeffizienten v_t. Damit erfassen wir nun auch diejenigen Potentialänderungen, die auf eine Veränderung von K zurückgehen. Noch nicht berücksichtigt sind technologische Veränderungen. Eine stationäre Technologie würde Konstanz von v implizieren; evolutionäre Veränderungen der Technologie dagegen eine allmähliche Entwicklung von v_t. Diese Überlegungen führen uns nun direkt zu einem gegenüber dem statistischen Output Gap substantiell verbesserten Mass für die Konjunktur, welches auf der Tiefpassfilterung der Reihe v_t beruht. Die resultierende Trendreihe des Kapitalkoeffizienten v^*_t interpretieren wir dabei als die Reihe, welche die Entwicklung der Technologie *f* approximiert, und das Verhältnis von Trendkapitalkoeffizient zu beobachtetem Kapitalkoeffizienten $ALQ_t = v^*_t / v_t$ gibt den Auslastungsgrad des mittels K_t gemessenen Produktionspotentials bei gegebener Technologie v^*_t wieder. Unser Mass schwankt konstruktionsbedingt um den Wert eins und ist damit leicht zu interpretieren. Im Unterschied zu den vorherrschenden univariat bestimmten Auslastungsmassen wie dem Output Gap $(Y_t - Y^*_t)/ Y^*_t$ oder der Arbeitslosigkeit $(A_t^* - A_t)/A_t^*$ ist unser Mass v^*_t / v_t aber theoretisch weniger beschränkt und empirisch weniger informationsineffizient.

Verfahren zur Bestimmung der konjunkturellen Position, die auf der Analyse des beobachtbaren Kapitalkoeffizienten im Zeitverlauf basieren, sind zwar nicht neu,[14] im Laufe der letzten Jahre, die vom Output Gap als Konjunkturmass dominiert waren, aber ein wenig in Vergessenheit geraten, so dass unsere Methode an ältere und kaum mehr gebräuchliche Verfahren anknüpft. Neu ist bei unserem Ansatz gegenüber den Prototypen aus den 60er und 70er Jahren die Bestimmung von v^* mit einem Tiefpassfilter, wogegen die früheren Ansätze weniger Flexibilität einräumten und entweder von einem konstanten Kapitalkoeffizienten ausgingen oder diesen als linearen Trend modellierten.

Länderstichprobe

Einer der Vorteile unseres Verfahrens zur Bestimmung der konjunkturellen Position eines Landes ist, mit vergleichsweise *wenigen* Daten auszukommen. Diese müssen aber qualitativen Min-

14 Vgl. z. B. schon Phillips (1963), Krengel (1964), Klein/Preston (1967), Schönfeld (1967), Klein (1969), Fleck (1973) und Oppenländer (1976).

destansprüchen genügen. Die für die Berechung von v benötigten Angaben zu Y entnehmen wir direkt den „Penn World Tables" (PWT) in der jüngsten Version 6.1. In dieser Datenbank sind entsprechende Angaben für über 150 Länder enthalten. Von Forschern, die sich dieser Daten bedienen, wird allerdings oft übersehen, dass die Datenqualität recht unterschiedlich ist und Hinweise darauf in der Einstufung von „grade A" bis „grade D" mitgeliefert werden. Bei Ländern ausserhalb der besten Einstufungen A und B sind kaum oder keine Benchmark-Daten vorhanden, und die angeführten Werte sind mehr oder weniger verlässliche Schätzungen oder Extrapolationen. Die Verwendung solcher Werte mag in bestimmten Fällen besser sein als ein gänzlicher Verzicht auf die Einbeziehung des betreffenden Landes in die Analyse. In unserem Fall ist es allerdings von grundsätzlicher Bedeutung, dass die analysierten Reihen Y_t tatsächlich Informationen über den Konjunkturverlauf eines Landes wiedergeben, was bei extrapolierten oder geschätzten Daten in der Regel nicht der Fall sein dürfte. Aus diesem Grund führen wir als Voruntersuchung eine Inspektion der Y_t-Jahreszeitreihen durch.

Abbildung 1 zeigt den Befund für die Schweiz, ein „grade A"-Land. Die Entwicklung von $\ln Y_t$ verläuft zwar nicht stetig, aber der Vergleich mit dem aus einer Hodrick-Prescott-Filterung[15] resultierenden Trendverlauf zeigt, dass die Abweichung vom Trend, d.h. der Output Gap, ein mit der Konjunkturgeschichte der Schweiz vereinbares Muster und eine plausible Grössenordnung aufweist. Auch die Gruppe „grade B" zeigt plausible Verläufe von Y_t, wie in Abbildung 2 am Beispiel Neuseelands zu sehen ist. Anders verhält es sich mit Ländern, die den Datenqualitätsklassen C und D zugeordnet sind, wie die Abbildungen 3 bis 5 zeigen („grade C": Sierra

15 Vgl. Hodrick/Prescott (1997). Zur Bestimmung eines „Trend-BIP" greifen, abgesehen von den Protagonisten selbst, u. v. a. Christodoulakis et al. (1995), Razzak (2001) und Artis (2003) auf den oder Elemente des Hodrick-Prescott-Filters zurück. Den Glättungsparameter setzen wir wie für Jahreszahlen empfohlen auf $l = 100$.

Leone, „grade D": Zentralafrikanische Republik und Tschad). Die Reihen Y_t sind in diesen Fällen derart volatil und weisen z.T. völlig unnachvollziehbare Sprünge und Zacken (vgl. Abbildung 5) auf, dass wir für unsere Zwecke von der Verwendung solcher Daten Abstand nehmen. Im Resultat umfasst unsere Länderstichprobe daher 26 Länder der Datenqualitätsklassen A und B.[16]

Abbildung 1
ln Y, in Mio. PPP$, Schweiz (PWT „grade A")

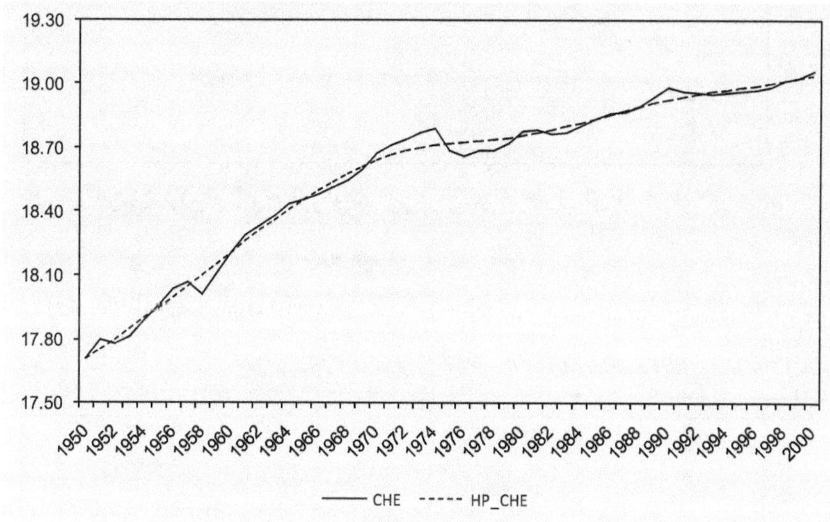

16 Es handelt sich um alle Länder, die in den „Penn World Tables" Version 6.1. mit „grade" A oder B klassifiziert sind mit Ausnahme von Israel, der Türkei und Singapur, bei denen uns die Zeitreihen aufgrund nicht nachvollziehbarer Sprünge nicht ausreichend vertrauenerweckend erscheinen. (Vermutlich liegen die Probleme im Bereich der BIP-Deflatoren). Eine Weiterführung dieses Ansatzes mit einer erweiterten Stichprobe ist beabsichtigt. Eine erste Inspektion vorhandener Datensätze zeigt, dass die „World Development Indicators" der Weltbank weniger unplausible Verläufe aufweisen. Wenn dies nicht das Resultat einer Glättung ebenso fragwürdigerer Ausgangsdaten ist, könnte diese Datenbasis die beabsichtigte Erweiterung des Länderumfanges ermöglichen.

Abbildung 2
ln Y, in Mio. PPP$, Neuseeland (PWT „grade B“)

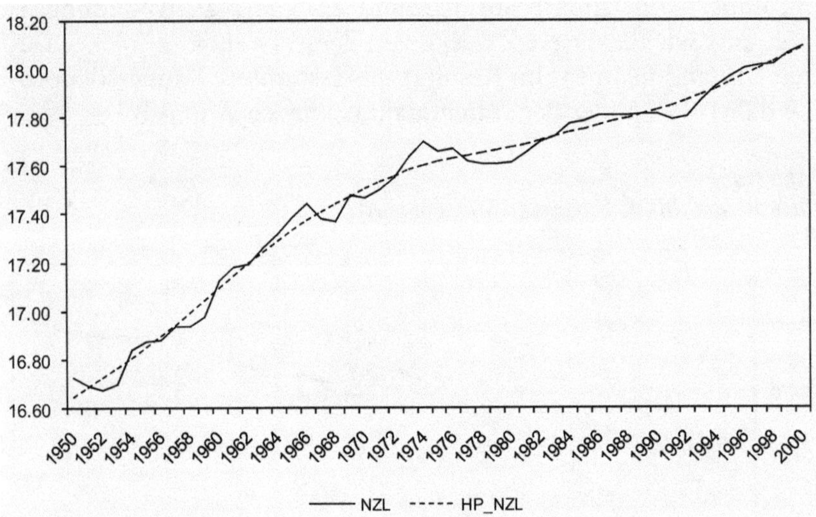

Abbildung 3
ln Y, in Mio. PPP$, Sierra Leone (PWT „grade C“)

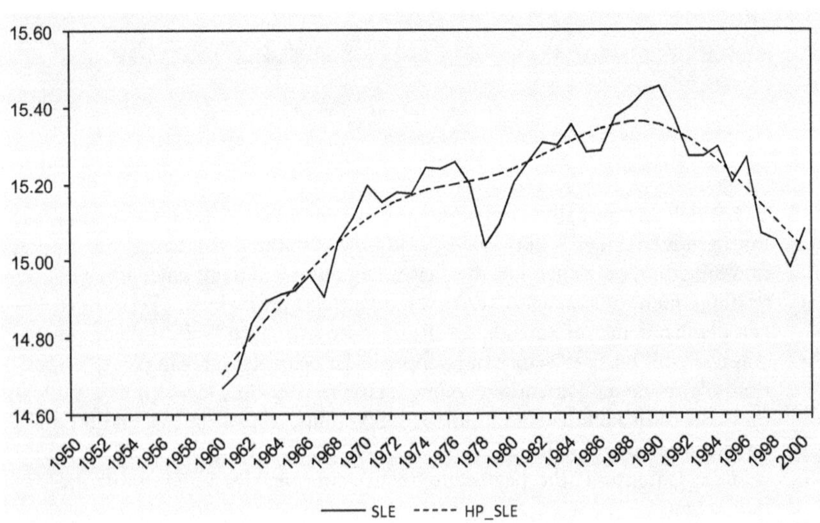

Abbildung 4
ln Y, in Mio. PPP$, Zentralafrikanische Republik (PWT „grade D“)

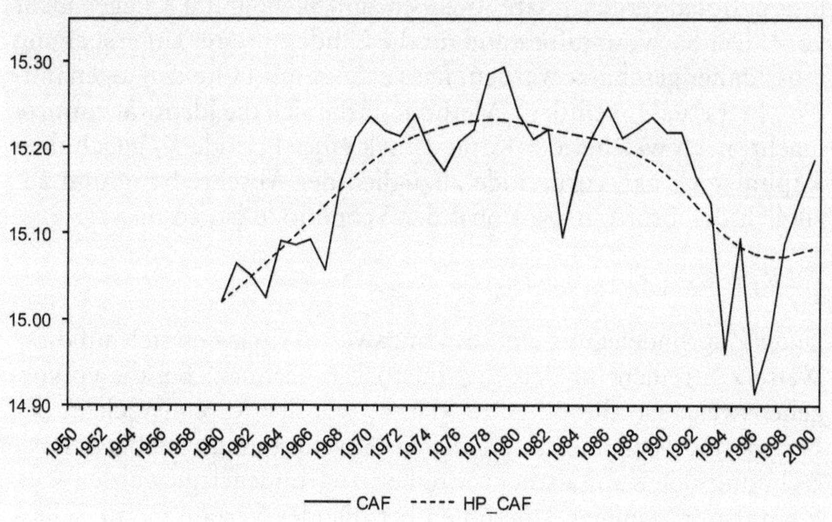

Abbildung 5
ln Y, in Mio. PPP$, Tschad (PWT „grade D“)

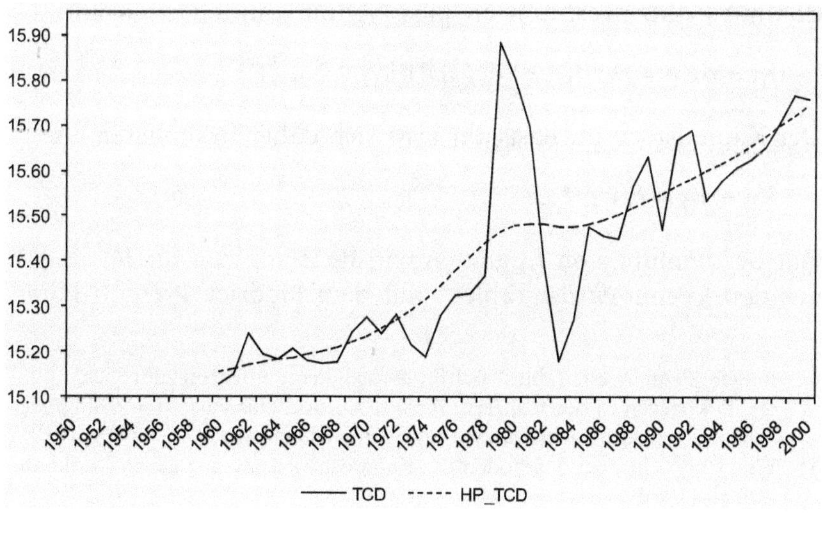

Kapitalstockzeitreihen

International vergleichbare Angaben zum Sachkapital *K* liegen nicht vor.[17] Der Sachkapitalbestand für die Länder unserer Untersuchung muss daher geschätzt werden. Dies erfolgt mit Hilfe der sogenannten „Perpetual Inventory"-Methode,[18] die sich die Identität zunutze macht, nach welcher der Kapitalstock einer Periode K_t gleich dem Kapitalstock der Vorperiode abzüglich der Abschreibung und zuzüglich der Bruttoinvestition *I* der Vorperiode ist, so dass:

$$K_t = K_{t-1}\,(1 - \delta) + I_{t-1}.$$

Unter Zugrundelegung eines Anfangswertes K_0 lassen sich auf diese Weise Zeitreihen für den Kapitalstock berechnen. Bei dieser Vorgehensweise ist allerdings zu klären, wie der Kapitalstock in der Basisperiode bestimmt, und welche Abschreibungsrate bei der Berechnung der Kapitalstockzeitreihen zugrundegelegt werden soll. Ein auf nur wenigen Annahmen beruhendes Verfahren zur Schätzung des Kapitalstocks in der Basisperiode wird von Harberger (1978) vorgeschlagen: Ausgehend von einer konstanten Wachstumsrate des Kapitalstocks w^* und der Identität von Bruttoinvestition mit Ersatzinvestition δK plus Nettoinvestition $w^*\,K$ gilt:

$$I_0 = \delta K_0 + w^*\,K_0 = (\delta + w^*)\,K_0.$$

Der Kapitalstock im Basisjahr lässt sich daher formulieren als

$$K_0 = I_0\,/\,(\delta + w^*)\,.$$

Zur Bestimmung von I_0 glätten wir die Zeitreihen für I/Y und Y aus den „Penn World Tables" mit dem Hodrick-Prescott-Filter,

17 In den „Penn World Tables" 6.1 finden sich keine Angaben zum Sachkapital mehr, wogegen in der früheren Version 5.6 noch für einen Teil der Länder Schätzungen zum Sachkapitalbestand ausgewiesen waren.

18 Eine Übersicht über Methoden der Kapitalstockschätzung geben Dadkhah/Zahedi (1990).

multiplizieren die Trendwerte und greifen dann auf den ersten resultierenden Trendwert I^*_t zurück. Unbekannt ist ferner die „gleichgewichtige" Wachstumsrate des Kapitalstocks w^*. Unter der Annahme eines konstanten Kapitalkoeffizienten[19] ist aber die unbekannte Wachstumsrate des Kapitalstocks w^* gleich der bekannten Wachstumsrate des Volkseinkommens. Es bleibt dann noch die Bestimmung der Abschreibungsrate δ. Diese sollte nicht im technischen Sinne verstanden werden und damit eher tief angesetzt werden, da aus ökonomischer Sicht mit der Abschreibungsrate sowohl der materiellen Abnutzung des Sachkapitals als auch der Obsoleszenz technisch noch funktionsfähigen Sachkapitals aufgrund des Einsatzes neuer, überlegener Kapitalgüter Rechnung getragen werden muss. Ein Blick auf an anderer Stelle verwendete Abschreibungsraten zeigt, dass für δ ein aus makroökonomischer Sicht unter Einschluss der Obsoleszenz ein Wert von etwa 10 % als plausibel angesehen werden kann.[20] Dieser Wert soll daher auch in der vorliegenden Untersuchung verwendet werden. Damit kann für jedes Land der Kapitalstock im Basisjahr K_0 und mit den Zeitreihen zur Bruttoinvestition I_t die Kapitalstockzeitreihe

$$K_t = K_0\,(1-\delta)^t + \Sigma\, I_i\,(1-\delta)^{t-1-i}$$

berechnet werden, wobei die Summe von $i = 0$ bis $t-1$ läuft. Die Zeitreihen zur Investition reichen für unsere 26 Länder zurück

19 Es handelt sich dabei um den vierten der „stilisierten Fakten", welche Kaldor (1961) der Wachstumstheorie zu erklären auftrug. Empirische Evidenz für eine langfristige Konstanz des Kapitalkoeffizienten in sieben Ländern seit 1870 findet sich bei Romer (1989); für die annähernde Konstanz des Kapitalkoeffizienten in den USA in der ersten Hälfte des 20. Jahrhunderts vgl. Klein/Kosobud (1961).

20 King/Rebelo (1990: S130) stellen z. B. fest, dass eine Sachkapitalabschreibungsrate von 10 % in Übereinstimmung mit „US-long-term experience" steht. King/Levine (1994) wählen für ihre empirische Untersuchung eine etwas geringere Rate von 7 %. Benhabib/Spiegel (1994) wählen für ihre Länderquerschnittsuntersuchungen zur Kapitalstockschätzung ebenfalls eine Abschreibungsrate von 7 % berichten aber, dass die geschätzten Parameter ihrer Wachstumsgleichung robust gegenüber Veränderungen von δ auf 0,04 und 0,1 sind.

Abbildung 6
I/Y und (I/Y), Schweiz, 1950–2000*

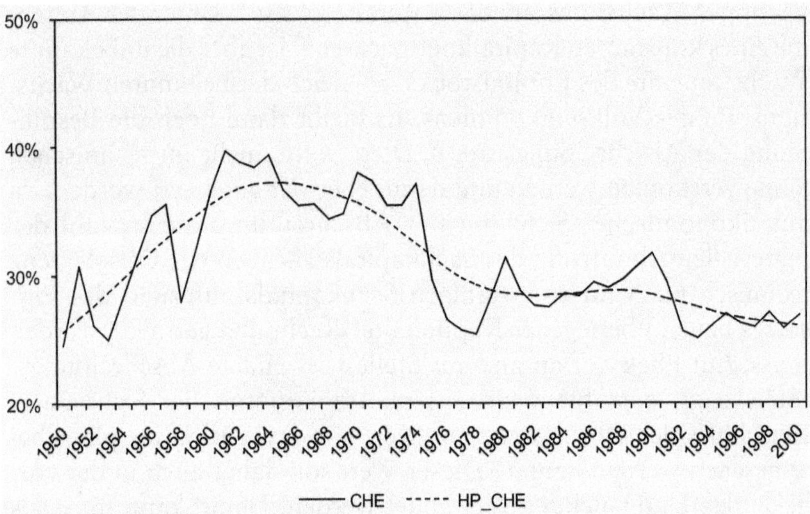

bis 1950, und wir berücksichtigen für jedes Land die Investitionszeitreihen beginnend mit der am weitesten zurückreichenden Angabe, denn mit zunehmender Zeitdauer verlieren durch die lineare Abschreibung die Ungenauigkeiten bei der Schätzung des Kapitalstocks im Basisjahr an Bedeutung.

Wir verfügen somit nach einigen wenigen und transparenten Operationen mit den Jahreszeitreihen Y_t und K_t über alle im Weiteren zur Bestimmung der konjunkturellen Position unserer 26 Länder anhand des Kapitalkoeffizienten v_t benötigten Daten. Zur Bestimmung des Trend-Kapitalkoeffizienten greifen wir auf einen in der angewandten Konjunkturanalyse verbreiteten Tiefpassfilter – den Hodrick-Prescott-Filter – zurück. Da wir an einer explorativen Ex-post-Rückschau interessiert sind, fällt dabei der hauptsächliche Nachteil dieses Filters, die Randwertinstabilität,[21] nicht ins Gewicht, und von Vorteil ist die leichte Implementierung mit

21 Vgl. hierzu Graff (2004).

Abbildung 7
v und v, Schweiz, 1950–2000*

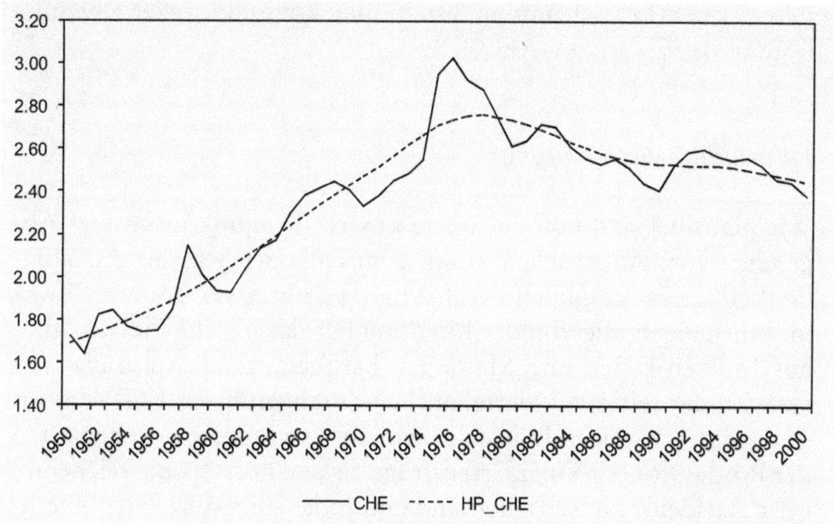

nur einer exogen zu bestimmenden Vorgabe, dem Glättungsparameter λ, den wir wie bereits oben auf 100 setzen, womit eine exakte Reproduzierbarkeit unserer Berechnungen gewährleistet ist.

Berechnung von ALQ

Im Folgenden illustrieren wir am Beispiel der Schweiz die Schritte, die wir bei allen 26 Ländern der Stichprobe zur Berechnung unseres konjunkturellen Auslastungsmasses ALQ_t durchführen. Abbildung 6 zeigt die Ausgangsreihe und die entsprechende tiefpassgefilterte Reihe der Investitionsquote I/Y, an der wir links den Startwert $(I/Y)^*{}_{1950}$ ablesen.

Zur Berechnung von $I^*{}_{1950}$ multiplizieren wir $(I/Y)^*{}_{1950}$ mit $Y^*{}_{1950}$ (oben wiedergegeben in Abbildung 1). Mit diesen Startwerten berechnen wir die Zeitreihen K_t wie geschildert von 1950–2000 und sodann $v_t = K_t / Y_t$. Abbildung 7 zeigt den resultierenden Verlauf von v_t sowie der entsprechenden tiefpassgefilterten Reihe $v^*{}_t$.

Bei normaler Auslastung gilt $v_t = v^*_t \Leftrightarrow ALQ_t = v^*_t / v_t = 1$. In Situationen mit konjunktureller Unterauslastung beobachten wir $v_t > v^*_t \Leftrightarrow ALQ < 1$, und in Situationen konjunktureller Überauslastung ist $v_t > v^*_t \Leftrightarrow ALQ > 1$.

Plausibilitätsüberprüfung

Wie plausibel sind nun die Werte unseres Konjunkturmasses? Abgesehen vom Augenschein besteht im Falle der Schweiz die Möglichkeit eines Vergleichs von ALQ_{CH} mit zwei anderen Konjunkturmassen, die von der Intention her das gleiche messen, aber auf anderen Daten und Methoden beruhen, nämlich auf den Resultaten der seit 1967 vierteljährlich durchgeführten KOF-Umfrage in der Schweizer Industrie, wo die „technischen Kapazitäten der Produktion" in einer Urteilsfrage als „zu hoch", „ausreichend" oder „zu klein" zu beurteilen sind und zudem direkt nach der durchschnittlichen Auslastung in Prozent gefragt wird. Diese ziehen wir nun zu unserem ersten Vergleich heran.

Um eine graphische Vergleichbarkeit der drei alternativen Reihen zum Auslastungsgrad – ALQ, Saldo der Urteilsfrage und Prozentangabe durch die Befragten – zu ermöglichen, transformieren wir alle drei Reihen in standardisierte Werte.

Die entsprechend normierten Verläufe sind in der Abbildung 8 wiedergegeben, wobei sich zeigt, dass das Konjunkturmass ALQ und die KOF-Umfrageresultate weitestgehend übereinstimmen. Dies wird durch eine numerische Analyse bestätigt, wie Tabelle 1 dokumentiert: die Korrelation von ALQ mit dem Prozentmass beträgt 0.75, und mit dem Urteilssaldo 0.73. Wir können also mit grosser Sicherheit schliessen, dass unser Mass ALQ im Falle der Schweiz zur Messung ein taugliches Instrument zu Bestimmung der konjunkturellen Position darstellt.

Ist dieses Instrument aber auch dem Output Gap überlegen, wie wir aufgrund der verbreiterten Informationsbasis und der Einbeziehung produktionstheoretischer Gesichtspunkte in das Mass ALQ aus theoretischer Sicht erwarten? Die Antwort findet sich in der letzten Zeile der Tabelle 1, welche die Korrelation des aus der auch in ALQ eingehenden Y_t-Reihe berechneten Output Gap mit den Referenzreihen aus den KOF-Umfragen wiedergibt. Es zeigt sich dabei deutlich, dass der Output Gap in der Tat geringer mit den Umfrage-Reihen korreliert ist als das auf den Kapitalkoeffizienten beruhende Mass ALQ.

Abbildung 8
ALQ, Kapazitätsauslastung laut KOF-Umfrage (in Prozent und Urteils-Saldo) standardisierte Werte, Schweiz, 1967–2000

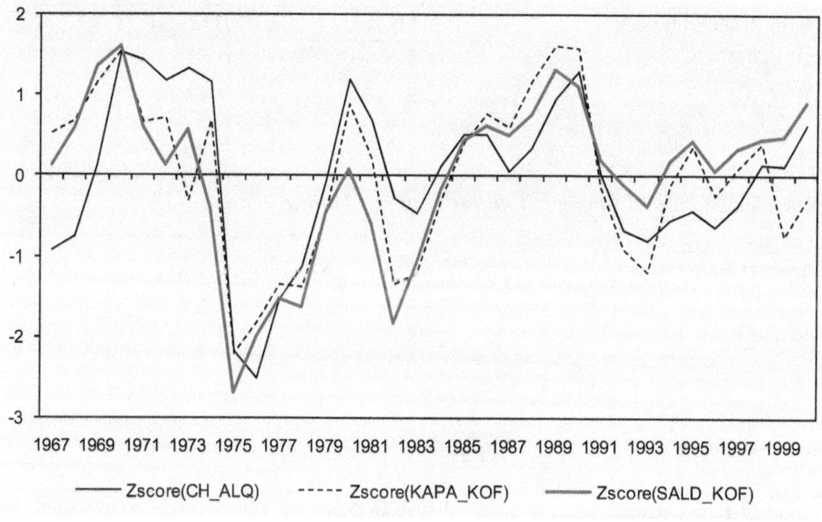

Dieser Befund lässt sich für andere Länder, für die Umfragedaten für die Referenzreihe „Auslastungsgrad" verfügbar sind, replizieren. Die Ergebnisse für Deutschland, die USA und Neuseeland sind in den Tabellen 2 bis 4 dargestellt. Im Falle Deutschlands greifen wir auf die Kapazitätsauslastung (ab 1980) und alternativ auf den Geschäftsklimaindex des ifo-Instituts (liegt vor ab 1991) als Referenzreihen zurück, für die USA auf die Kapazitätsauslastungsreihe des Federal Reserve Board (liegt vor ab 1980) und für Neuseeland auf die Kapazitätsauslastungsreihe des New Zealand Institute of Economic Research (liegt vor ab 1962).

Tabelle 1
Korrelation von ALQ sowie Output Gap mit Umfragedaten, Schweiz

Pearson Korrelation	CAPU_KOF	SALDO_KOF_I
CH_ALQ	0.73	0.75
CH_GAP	0.65	0.64

Referenzreihen aus KOF-Umfrage, ab 1967.

Tabelle 2
Korrelation von ALQ sowie Output Gap mit Umfragedaten, Deutschland

Pearson Korrelation	CAPU_DE	*IFO_GK_Y*
DE_ALQ	0.65	0.65
DE_GAP	0.39	0.42

Tabelle 3
Korrelation von ALQ sowie Output Gap mit Umfragedaten, USA

Pearson Korrelation	CAPU_US_MAN
US_ALQ	0.81
US_GAP	0.78

Tabelle 4
Korrelation von ALQ sowie Output Gap mit Umfragedaten, Neuseeland

Pearson Korrelation	EBECU_NZ
NZ_ALQ	0.74
NZ_GAP	0.60

Wie aus den Tabellen ersichtlich, ist das Bild in allen Fällen das gleiche: ALQ ist hoch (mit mindestens 0.65) mit den ausgewählten Referenzreihen zur Kapazitätsauslastung aus Unfragedaten korreliert und schneidet dabei in jedem Fall besser ab als der Output Gap.

Wir fühlen uns daher an diesem Punkt sicher genug zu schliessen, dass unser auf der Tiefpassfilterung des Kapitalkoeffizienten beruhendes Mass ein valides Instrument zur Bestimmung der konjunkturellen Position eines Landes, verstanden als der auf das Normale bezogene Auslastungsgrad, ist. Wir können also auch für Länder, in denen Umfragedaten fehlen, allein auf der Basis von Jahresdaten zu *Y* und *I* eine kapazitätsbezogene Konjunkturentwicklung nachzeichnen, die einer Messung mir dem verbreiteten Output Gap deutlich überlegen ist.

Wir berechnen nun also für die 26 Länder unserer Stichprobe mit allen verfügbaren Daten ab 1950 das Mass ALQ_t. Da die „Penn World Tables" in der letzten verfügbaren Version 6.1 zeitlich nach dem Jahr 2000 abbrechen, ergänzen wir, um aktuelle Entwicklungen einzubeziehen, die Jahreswachstumsraten von Y_t mit den in den „World Development Indicators" der Weltbank ausgewiesenen Jahreswachstumsraten bis 2003, und für die Berechnung von K_t setzen wir nach 2000 auf dem letzten Wert der Investitionsquote aus den „Penn World Tables" eine Fortschreibung mit den Veränderungsraten aus den „World Development Indicators" auf.[22] Die 26 resultierenden Reihen stellen den Input dar für die nun folgenden Identifizierungen internationaler Konjunkturverbunde. Verwendet werden die Jahreswerte von 1960 bis 2003.

22 Die resultierenden Reihen sind also, um möglichst lange und aktuelle Zeitreihen zu erhalten, aus zwei verschiedenen Datenquellen zusammengesetzt. Die Alternative, nur auf die „World Development Indicators" zurückzugreifen, hätte zwar die drei aktuellsten Datenpunkte (2001–2003) einbezogen, am Beginn der Zeitreihen jedoch zu erheblichen Einschränkungen geführt, da die Weltbankdaten erst 1970 beginnen. Mit dem von uns angestrebten Vorlauf von zehn Jahren bei der Berechnung der Kapitalstockzeitreihen hätte sich damit für *vt* ein Zeitraum von 1980 bis 2003 ergeben, was gegenüber 1960–2000 mit den „Penn World Tables" eine Verkürzung um fast die Hälfte bedeuten würde und daher verworfen wurde.

3.2 Identifizierung von Konjunkturverbunden

Ausgangsbasis für die in diesem Beitrag herangezogenen Verfahren zur Identifizierung internationaler Konjunkturverbunde sind die obenbeschriebenen Zeitreihen für den Kapazitätsauslastungsgrad ALQ_t für die 26 Länder unserer Stichprobe mit jährlichen Daten von 1960 bis 2003.

Diese Daten unterziehen wir zunächst einer hierarchischen Clusteranalyse. Die Zuordnung zu einem Konjunktur-Cluster ist dabei exklusiv und erfolgt auf einer binären Skala (ja/nein). Im nächsten Schritt greifen wir auf die Clusterzuordnung der untersten Ebene zurück, um ökonomische Ähnlichkeiten innerhalb der Cluster herauszuarbeiten. Im letzten Schritt erfolgt eine Hauptkomponentenzerlegung des Datensatzes.

Hierarchische Clusteranalyse

Unter dem Oberbegriff Clusteranalyse werden multivariate Verfahren zusammengefasst, die einen Datensatz nach bestimmten Kriterien in verschiedene Gruppen (Cluster) zerlegen.[23] Dabei kann entweder nach dem Kriterium der *Unterscheidung zwischen verschiedenen Clustern* oder nach dem der *Ähnlichkeit innerhalb eines Clusters* vorgegangen werden. Wir verfahren für unsere Zwecke wie folgt: Zuerst transponieren wir unsere Matrix aus 26 Variablen zu je 41 Beobachtungen, so dass wir einen Datensatz erhalten, der als Variablen die Beobachtungsjahre enthält und als Fälle die Länder. Diese transponierten Daten unterziehen wir sodann einer hierarchischen Clusteranalyse mit der quadrierten euklidischen Distanz $\sqrt{} \Sigma (ALQ_i - ALQ_j)^2$ als Similaritätsmass. Die Clusterstruktur bestimmen wir anhand des Ward-Algorithmus. Dabei werden, beginnend auf der untersten Ebene, sukzessiv für alle möglichen Cluster die Variablenmittelwerte berechnet und sodann die quadrierte euklidische Distanz der Fälle (d.h., der Län-

23 Zur Clusteranalyse vgl. z.B. Bortz (2005).

der) ermittelt. Die Clusterbildung erfolgt dann nach dem Kriterium des minimalen Anstiegs der quadrierten euklidischen Distanz.

Dieses Clusterbildungsverfahren hat die Eigenschaft, bei der Bestimmung der Varianz innerhalb der Gruppen alle Variablen gleichermassen zu berücksichtigen, wodurch – anders als bei Algorithmen, die auf möglichst klare Abgrenzungen zwischen verschiedenen Clustern abzielen – die Homogenität *innerhalb* einer Gruppe in den Vordergrund rückt. Dies entspricht aus unserer Sicht der theoretischen Vorstellung des Konjunkturverbunds, welche in erster Linie auf der Gemeinsamkeit des Konjunkturverlaufs innerhalb eines Verbunds beruht, und nicht auf der Abgrenzung eines Verbunds gegen andere Verbunde. Abbildung 9 zeigt das resultierende Dendogramm.

Abbildung 9
Dendogramm hierarchische Clusteranalyse ALQ, 1960–2003

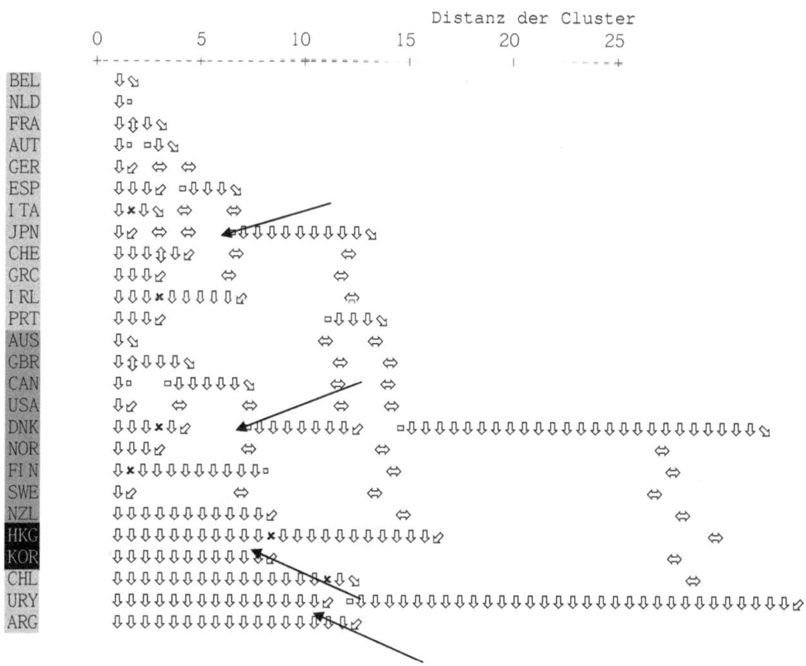

Die Betrachtung der im Dendogramm erkennbaren Clusterstruktur erfolgt zweckmässigerweise zunächst von rechts nach links, d.h. in der Hierarchie von oben nach unten. Dabei ist ersichtlich, dass die 26 Länder zunächst in zwei Gruppen aufspalten, nämlich in die drei in der Stichprobe enthaltenen lateinamerikanischen Länder Chile, Uruguay und Argentinien und die eine Gruppe aller übrigen 23 Länder. Die Lateinamerika-Gruppe spaltet sich an einem letzten Knoten in Chile und Uruguay einerseits und Argentinien andererseits. Die grosse Gruppe der 23 Übrigen teilt sich an ihrem ersten Knoten in eine aus den südostasiatischen „Tigern" Hongkong und Korea bestehende Zweiergruppe und einen Zweig von 21 Ländern. Deren erste Teilung zerlegt diese Gruppe in zwei Untergruppen von 9 und 12 Ländern. Diese Untergruppen lassen bei näherer Betrachtung eine von Kontinentaleuropa dominierte Gruppe einschliesslich Japans und Irlands („Mitteleuropa + Assoziierte") erkennen sowie eine aus allen angelsächsischen Ländern der Stichprobe ausser Irland zuzüglich aller skandinavischen Länder der Stichprobe bestehende Gruppe („angelsächsische Länder + Europa N"). Auch die weiteren Verästelungen dieser beiden Gruppen offenbaren in den meisten Fällen intuitiv plausible Resultate, so etwa bei den Clustern der niedrigsten Hierarchiestufe (d.h. grösster Homogenität) Belgien, Niederlande, Frankreich, Deutschland und Österreich oder Australien, Grossbritannien, Kanada und USA sowie Dänemark und Norwegen oder Schweden und Finnland.

Die Cluster der untersten Ebene sind offensichtlich stark von geographischer und/oder soziokultureller Nähe geprägt, was überraschend genau den theoretischen Erwägungen über die Bestimmungsfaktoren von Konjunkturverbunden entspricht. Auch die Tatsache, dass Neuseeland sich erst in einem dritten Schritt zur Gruppe „angelsächsische Länder + Europa N" hinzufügt ist plausibel, denn diese isoliert liegende Pazifikinselgruppe ist bekannt dafür, als Agrarexporteur stark von lokal geprägten landwirtschaftlichen Produktionsschwankungen betroffen zu sein.

Die hierarchische Clusteranalyse anhand der Konjunkturverlaufs-Variablen ALQ ergibt also eine im ganzen sehr plausible Struktur. Dem inhaltlichen Urteil überlassen bleibt dabei, in wie viele Konjunkturverbunde die 26 Länder zusammengefasst werden sollen, wobei hier bei abnehmendem Distanzmass zwischen minimal 2 und maximal 17 Gruppen zu wählen ist.

Aus unserer Sicht ist hier eine Spanne für das Distanzmass von 5–12 sinnvoll, die zu den vier bereits erwähnten Konjunkturverbunden „Mitteleuropa + Assoziierte“ (12 Länder), „angelsächsische Länder + Europa N“ (9 Länder), „Südostasien“ (2 Länder) und „Lateinamerika“ (3 Länder) führt.

Hauptkomponentenanalyse

In letzten Schritt unterziehen wir diesen Datensatz mittels einer Hauptkomponentenanalyse nun noch einer ergänzenden Untersuchung auf die Anzahl der zugrunde liegenden Dimensionen und die Stärke der Zugehörigkeit der untersuchten Länder zu den verschiedenen Konjunkturverbunden. Im Unterschied zur heute vorherrschenden dynamischen Faktoranalyse gehen wir hier von den zeitlichen Verläufen nur einer Variable je Land aus, nämlich der Konjunkturprofilreihe. Diese Reihen sind konstruktionsbedingt stationär, was den Vorteil hat, dass wir mit den herkömmlichen für Querschnittsanalysen üblichen Instrumenten der Faktorzerlegung arbeiten können. Unsere Wahl fällt dabei auf das Standardverfahren, die Hauptkomponentenzerlegung, die von allen faktoralanalytischen Verfahren mit den wenigsten Annahmen über die Kovarianzstruktur des Datensatzes auskommt.

Die Hauptkomponentenanalyse ist ein Verfahren zur Reduktion eines Datensatzes aus *k* Variablen in eine geringere Anzahl von Dimensionen. Da die Hauptkomponentenanalyse in der ökonometrischen und statistischen Literatur bereits ausführlich behandelt ist,[24] soll hier nur eine kurze, auf die Zielsetzung dieses Verfahrens beschränkte Charakterisierung gegeben werden. Eine Hauptkompo-

24 Vgl. z.B. Marascuilo/Levin (1983), Johnston (1984), Jolliffe (1986) und Darnell (1994).

nente ist eine synthetische Variable, die durch eine Linearkombination von beobachteten Variablen bestimmt ist. Ausgangsbasis für eine Hauptkomponentenanalyse ist ein Datensatz von k inhaltlich miteinander verbundenen – statistisch ausgedrückt: interkorrelierten – Variablen über n Beobachtungen. (Dabei entspricht hier k den 26 Konjunkturverläufen ALQ_t und n den 44 jährlichen Beobachtungen). Jede Variable $X_1, \ldots, X_k$ lässt sich genau als Linearkombination von k Hauptkomponenten $H_1, \ldots, H_k$ ausdrücken. Für die i–te Variable, beobachtet am j–ten Fall, ergibt sich dabei:

$$X_{ij} = a_{i1} H_{1j} + a_{i2} H_{2j} + \ldots + a_{ik} H_{kj}, \; (i = 1, \ldots, k; j = 1, \ldots, n).$$

Zur Variablenreduktion wird nun überprüft, welcher Anteil der Gesamtvarianz der k gemessenen Variablen bereits mit $r < k$ Hauptkomponenten wiedergegeben werden kann:

$$X_{ij} = a_{i1} H_{1j} + a_{i2} H_{2j} + \ldots + a_{ir} H_{rj} + R_{ij}, \; (i = 1, \ldots, k; j = 1, \ldots, n),$$

wobei R_{ij} für den bei der Reduktion der Linearkombination auf r Hauptkomponenten unerklärten Rest der am j–ten Fall beobachteten Variable X_i steht. Die Hauptkomponenten werden sukzessive so ermittelt, dass nach dem Prinzip der Kleinsten Quadrate der jeweils verbleibende Rest R_{ij} minimiert wird. Die Ladungen a_{i1}, …, a_{ir} entsprechen dabei den Regressionskoeffizienten, die sich bei der multiplen Regression der Variablen X_i auf die Hauptkomponenten ergeben würden. Wieweit soll die Zahl der Hauptkomponenten zur Beschreibung des Datensatzes reduziert werden, ohne dass dabei das für „ausreichend" gehaltene Mindestmass an erklärter Varianz unterschritten wird. In der Literatur werden Anteile von 70–90 % erklärter Varianz der Variablen als kritische Werte vorgeschlagen; die Feststellung einer „ausreichenden" Erklärung liegt jedoch letztlich im Ermessen des Untersuchers. Um Willkür bei der Festlegung der Anzahl zu bestimmender Hauptkomponenten auszuschliessen, hat sich das Eigenwert > 1-Kriterium bewährt. Da bei der Hauptkomponentenanalyse die Anzahl der potentiellen Komponenten gleich der Anzahl der Variablen k ist und die Summe der Erklärungsbeiträge aller potentiellen Hauptkomponenten 100 % beträgt, besagen Erklärungsbeiträge unter (100/*k*) % (Eigenwerte < 1), dass die entsprechende Hauptkomponente weniger zur Erklärung der Gesamtvarianz beiträgt als eine durchschnittliche Variable. Dieses Kriterium – das insbesondere dem Anspruch auf Variablenreduktion Rechnung trägt und dem wir in der vorliegenden Untersuchung folgen – heisst also: bestimme alle Hauptkomponenten mit Erklärungsbeiträgen über (100/*k*)%. Die Interpretation der Hauptkomponentenzerlegung unseres Datensatzes

$$ALQ_{i,t} = \alpha\_1_i\, KV\_1_t + \alpha\_2_i\, KV\_2_t + \ldots + \alpha\_2_i\, KV\_r_t + \ldots + \alpha\_k_i\, KV\_k_{,t} + \varepsilon_{i,t}$$

ist nun wir folgt: In dem Masse, in dem die Konjunkturprofile verschiedener Länder Gemeinsamkeiten aufweisen, werden Sie auf die gleiche Hauptkomponente laden. Eine Hauptkomponente entspricht also hier einem Konjunkturverbund (KV_*k*), und die Anzahl der Konjunkturverbunde ist *r*. Zu bemerken ist schliesslich, dass Lösungen mit mehr als einer Hauptkomponente nicht eindeutig sind, da jede orthogonale Transformationen der Faktorstruktur im Raum hinsichtlich der erklärten Gesamtvarianz des Datensatzes gleichwertig ist (Rotationsproblem). Die erste Lösung ist jedoch häufig nur schwer zu interpretieren. Dies liegt daran, dass nach dem Extraktionskriterium die erste Hauptkomponente meist mit allen Variablen mehr oder weniger stark korreliert ist und daher keine klare Faktorstruktur erkennbar wird. Daraus ergibt sich die Notwendigkeit der Rotation. Das Kriterium für die Entscheidung zugunsten einer bestimmten Lösung besteht dabei in der inhaltlichen Interpretierbarkeit. Daher wird meist so verfahren, dass die „Einfachstruktur“ gewählt wird, d.h. diejenige Lösung, bei welcher die Anzahl der Variablen maximiert wird, die auf einer Hauptkomponente hoch laden, und für die anderen Hauptkomponenten möglichst niedrige Ladungen aufweisen. Rechnerisch entspricht der Forderung nach der Einfachstruktur das Varimax-Rotationsverfahren. Darüber hinaus berücksichtigen wir noch ein inhaltliches Kriterium, welches am Konzept des Konjunkturverbunds ansetzt: Da ein *Verbund* definitionsgemäss nicht aus *einem*

Land bestehen kann, verwerfen wir Lösungen, in denen nach der Rotation nur ein Land hoch (d.h. mit mindestens 0.50) auf eine Komponente lädt und entfernen dies als „konjunkturellen Einzelgänger" aus der Verbundanalyse. Dies wiederholen wir solange, bis wir nach Entfernung von Neuseeland, Hongkong, Korea und Irland eine Lösung mit 22 zu Verbunden gehörigen Ländern und ohne Einzelgänger erhalten. Die Ergebnisse dieser Hauptkomponentenanalyse sind in Form der rotierten Faktorladungsmatrix in Tabelle 5 wiedergegeben.

Tabelle 5
Rotierte Faktorladungsmatrix (Ladungen ≥ 0.5)

	Hauptkomponente					
	1	2	3	4	5	
BEL	0.76					
PRT	0.74					KV 1: Europa 1
ESP	0.72					(W + NLD)
NLD	0.71					KV 2: Europa 2
AUT	0.59	0.59				(zentral + Japan)
GRC		0.86				KV 3: Europa 3
JPN		0.79				(N + SW)
GER		0.79				
CHE		0.69	0.64			KV 4: angelsächsische
FIN			0.91			Länder
SWE			0.85			
FRA			0.68			KV 5: Lateinamerika
ITA	0.53		0.54			
DNK				0.85		
GBR				0.79		
USA				0.74		
CAN			0.51	0.65		
AUS				0.65		
NOR	-0.50			0.58		
URY					0.84	
ARG					0.72	
CHL		0.527			0.71	

Länder, die zusammen stark auf einer der Hauptkomponenten laden, können als Konjunkturverbund interpretiert werden. Die Konjunkturverbunde sind dabei konstruktionsbedingt unkorreliert. Die Zugehörigkeit eines Landes zu den Konjunkturverbunden ist aber nicht – wie bei der Clusteranalyse – exklusiv auf eine Ländergruppe beschränkt, sondern anhand der Ladungskoeffizienten graduell bestimmt.

Wir können demnach fünf – sich teilweise überlappende – Konjunkturverbunde identifizieren: eine europäische Gruppe, die Belgien, Portugal, Spanien, die Niederlande und Österreich umfasst; eine Gruppe, die aus Österreich, Deutschland, Japan Griechenland und der Schweiz besteht; eine Gruppe die wiederum aus der Schweiz sowie aus den Ländern Frankreich, Finnland, Schweden und Italien gebildet wird; eine Gruppe der englischsprechenden Länder USA, Kanada, Grossbritannien, Australien zuzüglich Dänemark und Norwegen und schliesslich eine lateinamerikanische Gruppe aus Uruguay, Argentinien und Chile.

Dies Ergebnis bestätigt die Robustheit unseres Konjunkturmasses, denn beide heuristischen Verfahren führen zur Identifikation von sehr ähnlichen Konjunkturverbunden. Diese sind zwar nicht deckungsgleich, weisen aber dennoch grosse Ähnlichkeiten auf und sind intuitiv plausibel. Darüber hinaus erlaubt die graduelle Zuordnung anhand der Faktorladungen Aussagen darüber, welche Länder nicht in nur einen Konjunkturverbund eingebunden sind, sondern mit mehreren Verbunden konjunkturelle Gemeinsamkeiten aufweisen. Dabei handelt es sich hier um Österreich und die Schweiz, die in etwa gleichem Ausmass in je zwei europäische Verbunde integriert sind. Schliesslich lassen die Ladungen für Italien, Kanada und Chile erkennen, dass neben der primären Einbindung in einen Stammverbund auch sekundäre Assoziierungen zu weiteren Verbunden vorliegen können.

4. Zusammenfassung

Dieser Beitrag ging der Frage nach, inwieweit die Konjunkturen einzelner Länder miteinander verbunden sind und stellt ein einfaches, aber theoretisch gut begründetes und empirisch nützliches Instrument zur Identifizierung von Konjunkturverbunden vor. Zunächst wird gezeigt, wie mit Rückgriff auf ein einfache Approximation der Variablen „Kapazitätsauslastung" anhand von nur zwei Jahreszeitreihen (Bruttoinlandprodukt und Investitionsquote) eine international vergleichbare Bestimmung der konjunkturellen Position eines Landes erfolgen kann. Angewendet auf 26 entwickelte Länder mit Daten von 1960 bis 2003 erhalten wir 26 Jahreszeitreihen, die jeweils 44 Beobachtungen umfassen.

Diese unterziehen wir einer Hauptkomponentenanalyse. Länder, die zusammen stark auf einer der Hauptkomponenten laden, können als Konjunkturverbund interpretiert werden. Die Zugehörigkeit ist dabei graduell definiert und nicht auf eine Ländergruppe beschränkt. Ein anderes heuristisches Verfahren zur Klärung der Datenstruktur ist die hierarchische Clusteranalyse. Die Zuordnung zu einem Konjunktur-Cluster ist dabei exklusiv und erfolgt auf einer binären Skala (ja/nein). Die Clusteranalyse ist aus dieser Sicht weniger informativ als die Hauptkomponentenanalyse; sie hat aber den Vorzug, die Struktur zwischen den Clustern zu modellieren. Beide Verfahren führen zur Identifikation von fünf internationalen Konjunkturverbunden, die nicht deckungsgleich sind, aber dennoch grosse Ähnlichkeiten aufweisen und intuitiv plausibel sind.

Im Ergebnis bestätigen die geschilderten Analysen, dass Konjunktur aus internationaler Perspektive in der Tat als ein Geflecht von lokalen Konjunkturen und Konjunkturverbunden unterschiedlichen Umfangs aufgefasst werden kann. Darüber erweist sich das hier entwickelte Mass für die konjunkturelle Auslastung trotz seiner Einfachheit und der geringen Anforderungen an die Datentiefe als geeignet für international und intertemporal vergleichende Analysen, womit für weitergehende Untersuchungen über die Abgrenzung oder die Bestimmungsfaktoren internationaler Konjunkturverbunde ein überaus nützliches Instrument zur Verfügung steht.

Literatur

Ambler, Steve, Cardia, Emanuela und Zimmermann, Christian (2004), International Business Cycles: What Are the Facts, Journal of Monetary Economics 51, 257–276.

Artis, Michael (2003), Is There a European Business Cycle? CESifo Working Paper No. 1053.

Artis, Michael und Zhang, W. (2003), Core and Periphery in EMU: A Cluster Analysis, Economic Issues, Vol. 6: 39–59.

Bandholz, Harm, und Funke, Michael (2003), In Search of Leading Indicators of Economic Activity in Germany, Journal of Forecasting, Vol. 22: 277–297.

Benhabib, Jess und Spiegel, Mark M. (1994), The Role of Human Capital in Economic Development: Evidence from Aggregate Cross-Country Data, Journal of Monetary Economics, Vol. 34: 143–173.

Bergsten, C. Fred (2001), Fifty Years of Trade Policy: The Policy Lessons, World Economy, Vol. 24: 1–13.

Bortz, J. (2005), Statistik für Human- und Sozialwissenschaftler, 6. Aufl., Heidelberg: Springer.

Burns, Arthur F. und Mitchell, Wesley Clair (1946), Measuring Business Cycles, National Bureau of Economic Research, New York.

Christodoulakis, Nicos, Dimelis, Sophia P. und Kollintzas, Tryphon (1995), Comparison of Business Cycles in the EC: Idiosyncrasies and Regularities, Economica, Vol. 62, No. 245: 1–27.

Clark, Todd E. und van Wincoop, Eric (2001), Borders and Business Cycles, Journal of International Economics, Vol. 55: 59–85.

Dadkhah, K.M. und Zahedi, F. (1990), Estimation and Cross-Country Comparison of Capital Stocks, Empirical Economics, Vol. 15: 383–404.

Darnell, Adrian C. (1994), A Dictionary of Econometrics, Aldershot: Edward Elgar.

Fatás, Antonio (1997), EMU: Countries or Regions? Lessons from the EMS Experience, European Economic Review, Vol. 41: 743–751.

Fleck, Florian H. (1973), Die ökonomische Theorie des technischen Fortschritts und seine Identifikation, Meisenheim am Glahn.

Forni, M., Hallin, M., Lippi, M. und Reichlin, L. (2001), Coincident and Leading Indicators for the Euro Area, Economic Journal, Vol. 111: 62–85.

Graff, Michael (2004), Estimates of the Output Gap in Real Time: How well have we been doing? Reserve Bank of New Zealand Discussion Paper DP2004/04, Wellington, May 2004.

Gregory, Allan W. und Head, Allen C (1999), Common and Country-specific Fluctuations in Productivity, Investment and the Current Account, Journal of Monetary Economics, Vol. 44: 423–451.

Gregory, Allan W., Head, Allen C. und Raynauld, Jacques (1997), Measuring World Business Cycles, International Economic Review, Vol. 38: 677–701.

Harberger, Arnold C. (1978), Perspectives on Capital and Technology in Less Developed Countries, in: Artis, M.J. and Nobay, A.R. (Hg.), Contemporary Economic Analysis, London: Croom Helm: 15–40.

Hodrick, Robert J. und Prescott, Edward C. (1997), Postwar U.S. Business Cycles: An Empirical Investigation, Journal of Money, Credit and Banking, Vol., 29: 1–16.

Imbs, Jean (2000), Sectors and the OECD Business Cycle, CEPR Discussion Paper No. 2473.

Johnston, J. (1984), Econometric Methods, 3. Aufl., Singapur: McGraw-Hill.

Jolliffe, I.T. (1986), Principal Component Analysis, New York.

Kaldor, Nicholas (1961), Capital Accumulation and Economic Growth, in: Lutz, Friedrich A. und Hague, Douglas C. (Hg.), The Theory of Capital, London: Macmillan: 177–222.

King, Robert G. und Levine, Ross (1994), Capital Fundamentalism, Economic Development, and Growth, Carnegie-Rochester Series on Public Policy, Vol. 40: 259–292.

King, Robert G. und Rebelo, Sergio (1990), Public Policy and Economic Growth: Developing Neoclassical Implications, Journal of Political Economy, Vol. 98, Supplement: S126–S150.

Klein, Lawrence (1969), Some Theoretical Issues in the Measurement of Capacity, Econometrica, Vol. 28: 272–286.

Klein, Lawrence und Kosobud, R.F. (1961), Some Econometrics of Growth, Quarterly Journal of Economics, Vol. 75: 173–198.

Klein, Lawrence und Preston, R.S. (1967), Some New Results in the Measurement of Capacity Utilization, American Economic Review, Vol. 57: 34–58.

Kose, Ayhan M., Otrok, Christopher und Whiteman, Charles H. (2003), International Business Cycles: World, Region, and Country-Specific Factors, American Economic Review, Vol. 93, No. 4: 1216–1236.

Krengel, Rolf (1964), Produktionsvolumen und Produktionsfaktoren der Industrie im Gebiet der Bundesrepublik Deutschland, Vierteljahreshefte für Wirtschaftsforschung, Jg. 1964: 360–380.

Lumsdaine, Robin L. und Prasad, Eswar S. (2003), Identifying the Common Component of International Economic Fluctuations: A New Approach, Economic Journal, Vol. 113: 101–127.

Malek Mansour, Joffrey (2003), Do National Business Cycles Have an International Origin? Empirical Economics, Vol. 28: 223–247.

Marascuilo, Leonard A. und Levin, Joel R. (1983), Multivariate Statistics in the Social Sciences: A Researcher's Guide, Monterey.

Marcellino, M., Stock, J.M. und Watson, M.W. (2003), Macroeconomic Forecasting in the Euro area: Country Specific versus Area-wide Information, European Economic Review, Vol. 41: 1–18.

Mariano, Roberto S. und Murasawa, Yasutomo (2003), A New Coincident Index of Business Cycles Based on Monthly and Quarterly Series, Journal of Applied Econometrics, Vol. 18: 427–443.

Norrbin, Stefan C. und Schlagenhauf, Don E. (1996), The Role of International Factors in the Business Cycle: A Multi-country Study, Journal of International Economics, Vol. 40: 85–104.

Oppenländer, Karl Heinrich (1976), Investitionsinduzierter technischer Fortschritt, Berlin.

Phillips, Almarin (1963), Industrial Capacity. An Appraisal of Measures of Capacity, American Economic Review, Papers and Proceedings, Vol. 53: 275–292.

Razzak, W.A. (2001), Business Cycle Asymmetries: International Evidence, Review of Economic Dynamics, Vol. 4: 230–243.

Romer, Paul M. (1989), Capital Accumulation in the Theory of Long-Run-Growth, in: Barro, Robert J. (Hg.), Modern Business Cycle Theory, Oxford: 51–127.

Schönfeld, Peter (1967), Probleme und Verfahren der Messung der Kapazität und des Auslastungsgrades, Zeitschrift für die gesamte Staatswissenschaft, Bd. 123: 25–59.

Schumpeter, Joseph A. (1939), Business Cycles. A Theoretical, Historical, and Statistical Analysis of the Capitalist Process, Vols. 1 and 2, McGraw-Hill, New York.

Siebert, Horst (2002), Was wissen wir über den Konjunkturverbund, www.uni-kiel.de/ifw/pub/siebert/verbund.pdf.

Stock, J.H. und Watson, M.W. (1999), Forecasting Inflation, Journal of Monetary Economics, Vol. 44: 293–335.

Sara Carnazzi Weber*

Ein Barometer zur Abbildung der regionalen Konjunktur

Die amtliche Statistik der Schweiz liefert keine Angaben zur Entwicklung des Bruttoinlandprodukts oder der Industrieproduktion auf regionaler Ebene. Die verfügbaren Daten zur kantonalen Entwicklung des Volkseinkommens geben nur ein partielles Bild der wirtschaftlichen Tätigkeit in den einzelnen Regionen an. In der Schweiz bestehen nämlich aufgrund der starken wirtschaftlichen Verflechtung zum Teil grosse Unterschiede zwischen Wertschöpfung und Volkseinkommen auf regionaler Ebene. Um diese Informationslücke zu schliessen und den hauptsächlich auf die mittel- und langfristige Perspektive orientierten regionalanalytischen Ansatz zu ergänzen, hat Credit Suisse Economic Research ein vierteljährliches Konjunkturbarometer für die Schweizer Kantone entwickelt. Dies ermöglicht es, die einzelnen Regionen vor dem Hintergrund der nationalen Konjunkturentwicklung zu positionieren. Zur Konstruktion des vierteljährlichen Konjunkturbarometers als Sammelindikator auf der Grundlage verschiedener Variablen wurde das Verfahren der Hauptkomponentenanalyse herangezogen, welches mit Diffusionsindizes ergänzt wurde.

Keywords: Konjunkturbarometer, Regionalanalyse, Schweiz, Hauptkomponentenanalyse

JEL-Codes: E32, R10, R11, R15

* Dr. Sara Carnazzi Weber, Leiterin der Regionalanalysen, Credit Suisse Economic Research, Zürich, Schweiz, E-mail: sara.carnazzi@credit-suisse.com.

1. Einleitung

Konjunkturindikatoren haben sich als nützliche Instrumente erwiesen, um die sich alternierenden Phasen wirtschaftlicher Expansion und Abschwächung, welche den Konjunkturzyklus ausmachen, zu beobachten und zu prognostizieren. Neben der Beobachtung einzelner Variablen, welche einen Zusammenhang zur wirtschaftlichen Tätigkeit aufweisen, werden zahlreiche Sammelindikatoren konstruiert. Die meisten Untersuchungen beziehen sich auf Vorlaufindikatoren, welche zur Prognose konjunktureller Wendepunkte konstruiert werden und bei der Frage nach der zeitlichen Terminierung wirtschaftspolitischer Massnahmen eine zentrale Rolle spielen. Gleichlaufende Indikatoren werden zur Messung der wirtschaftlichen Tätigkeit herangezogen, während verzögerte Indikatoren hauptsächlich zur Bestätigung bereits eingetretener Wendepunkte verwendet werden.

Die amtliche Statistik der Schweiz liefert keine Angaben zur Entwicklung des Bruttoinlandprodukts oder der Industrieproduktion auf regionaler Ebene. Die verfügbaren Daten zur kantonalen Entwicklung des Volkseinkommens geben nur ein partielles Bild der wirtschaftlichen Tätigkeit in den einzelnen Regionen an. In der Schweiz bestehen nämlich aufgrund der starken wirtschaftlichen Verflechtung zum Teil grosse Unterschiede zwischen Wertschöpfung und Volkseinkommen auf regionaler Ebene. Um diese Informationslücke zu schliessen und unseren hauptsächlich auf die mittel- und langfristige Perspektive orientierten regionalanalytischen Ansatz zu ergänzen, haben wir ein vierteljährliches Konjunkturbarometer für die Schweizer Kantone entwickelt. Dies ermöglicht es, die einzelnen Regionen vor dem Hintergrund der nationalen Konjunkturentwicklung zu positionieren.

Verfahren zur Konstruktion von Sammelindikatoren im Überblick

Der Konstruktion von Sammelindikatoren liegt die Idee zugrunde, dass die Verdichtung einer Reihe von Variablen, die einen Zusammenhang zur wirtschaftlichen Tätigkeit aufweisen, zu einem einzigen Indikator eine bessere Beurteilung des allgemeinen Konjunkturverlaufs ermöglicht als die isolierte Betrachtung der einzelnen Variablen. Im Fall eines Sammelindikators wird die Information aus den einzelnen Variablen zusammengefasst, die idiosynkratische Varianz der einzelnen Variablen geglättet und die gemeinsamen Bewegungen hervorgehoben. Dies ermöglicht es, ein deutlicheres und genaueres Bild des allgemeinen Konjunkturverlaufs zu gewinnen als bei der Betrachtung der einzelnen Variablen.

Es gibt verschiedene Verfahren zur Konstruktion von Sammelindikatoren. Die einfachsten Ansätze beruhen auf einer Aggregation der zugrundeliegenden Variablen, welche durch eine Gewichtung und/oder durch eine Korrektur zur Angleichung der Varianz der verschiedenen Variablen ergänzt werden kann. Der Aggregationsansatz mit Varianzkorrektur liegt zum Beispiel den offiziellen vorlaufenden, gleichlaufenden und verzögerten Konjunkturindikatoren für die Vereinigten Staaten zugrunde, welche vom Conference Board im Auftrag des Bureau of Economic Analysis of the Department of Commerce erstellt werden (vgl. The Conference Board (1997)).

Trotz Varianzkorrektur werden traditionelle Sammelindikatoren oft stark durch breite Schwankungen einzelner zugrundeliegenden Variablen beeinflusst. In solchen Fällen stellen Diffusionsindizes eine nützliche Ergänzung dar, indem sie den Anteil der Variablen messen, die sich in eine bestimmte Richtung bewegen und dadurch zeigen, wie verbreitet ein bestimmter Konjunkturimpuls ist. Traditionelle Sammelindikatoren und Diffusionindizes, welche auf den gleichen wirtschaftlichen Variablen beruhen, liefern unabhängige Informationen und können manchmal sogar unterschiedliche Verläufe aufweisen. Die Kombination dieser beiden Informationen kann einen Beitrag zur Entdeckung von Wendepunkten leisten.

Die von der OECD verwendete Methode zur Konstruktion von vorlaufenden Sammelindikatoren beruht auf dem Konzept des Wachstumszyklus (vgl. OECD [1987], [1996]). Dieses Konzept trägt bei der Definition von Rezessions- und Boomphasen dem meist steigenden Trend der gesamtwirtschaftlichen Entwicklung Rechung und misst die Abweichung der wirtschaftlichen Tätigkeit von ihrem langfristigen Wachstumstrend. Bei diesem Konzept wird zunächst für jede der zugrundeliegenden Variablen der langfristige Trend anhand einer modifizierten Version der Phase-Average-Trend-Methode (PAT) geschätzt, die vom US National Bureau of Economic Research entwickelt wurde (vgl. Bry/Boschan [1978], OECD [1987]). Die trendbereinigten Variablen, d.h. die Abweichung der einzelnen Variablen vom geschätzten langfristigen Trend, werden anschliessend zum Sammelindikator aggregiert.

Ein weiteres Verfahren zur Konstruktion von Sammelindikatoren ist die Hauptkomponentenanalyse. Dieser Ansatz liegt in der Schweiz dem Konjunkturbarometer der Konjunkturforschungsstelle der ETH (KOF) zugrunde (vgl. Konjunkturforschungsstelle, Monatsbericht). Grundidee dabei ist, dass aus der Varianz-Kovarianzstruktur bzw. Korrelationsstruktur einer Reihe von Variablen, welche alle einen Zusammenhang zur wirtschaftlichen Tätigkeit aufweisen, Informationen zu einer im Hintergrund wirkenden Variable „Konjunktur“ in Form eines synthetischen Indikators gewonnen werden können.

Für die Herstellung eines Sammelindikators zur Abbildung des kantonalen Konjunkturverlaufs ist der Wachstumszyklusansatz ungeeignet, erfordert er doch eine zuverlässige Schätzung des langfristigen Trends der berücksichtigten Variablen, was auf regionaler Ebene aufgrund der Datenlage problematisch sein dürfte. Traditionelle Sammelindikatoren mit Varianzkorrektur, Diffusionsindizes und die Hauptkomponentenanalyse sind für die vorliegende Fragestellung grundsätzlich geeignet. Zur Konstruktion des vierteljährlichen Konjunkturbarometers wurde dabei das Verfahren der Hauptkomponentenanalyse vorgezogen, welches mit Diffusionsindizes ergänzt wird. Im Folgenden wird auf diese Verfahren näher eingegangen.

2. Ein Konjunkturbarometer für die Schweizer Kantone

2.1. Variablen zur Beschreibung des Konjunkturverlaufs

Der erste Schritt bei der Entwicklung eines Sammelindikators zur Abbildung des Konjunkturverlaufs besteht in der Bestimmung der geeigneten Variablen. Letztere sollten einen Zusammenhang zur wirtschaftlichen Tätigkeit aufweisen, welche am besten durch den Verlauf des Bruttoinlandprodukts oder der Industrieproduktion ausgedrückt wird. Die Variablenselektion erfolgt dabei aufgrund der Konformität des konstruierten Barometers zur gewählten Referenzreihe. Darüber hinaus sollte die Auswahl, wenn möglich, die verschiedenen Sektoren der Volkswirtschaft abdecken. Da in der Schweiz keine amtlichen Daten zum regionalen Bruttoinlandprodukt oder zur regionalen Industrieproduktion bestehen, kann das kantonale Konjunkturbarometer nur indirekt über eine Beurteilung des Ansatzes auf Schweizer Ebene getestet werden. Dies impliziert zudem die Annahme, dass die berücksichtigten Variablen sowohl auf nationaler als auch auf kantonaler Ebene eine Aussage zum Verlauf des Bruttoinlandprodukts ermöglichen.

Das Spektrum der möglichen Variablen zur Konstruktion des Konjunkturbarometers wurde durch die schlechte Datenlage auf regionaler Ebene eingeengt. Tabelle 1 zeigt die ausgewählten Komponenten sowie die Referenzreihe. Die Anzahl gemeldete offene Stellen, welche aus der monatlichen Statistik des Staatssekretariats für Wirtschaft (Seco) stammt, beschreibt die Lage auf dem Arbeitsmarkt und ermöglicht Aussagen zur Beschäftigungsentwicklung. Die Neuzulassungen von Fahrzeugen, welche von der Eidgenössischen Fahrzeugkontrolle erhoben werden, stellen einen Indikator sowohl des privaten Konsums (Personenfahrzeuge) als auch der Ausrüstungsinvestitionen (Sachentransportfahrzeuge) dar.

Tabelle 1
Komponenten und Referenzreihe des Konjunkturbarometers

Variable	Periodizität	Deflationierung
Komponenten		
Offene Stellen (OS)	Monatlich	
Neuzulassungen Fahrzeuge (FAZG)	Monatlich	
Importe (Mio. CHF) (M)	Quartal	X
Exporte (Mio. CHF) (X)	Quartal	X
Logiernächte (LO)	Monatlich	
Baubewilligungen Hochbau (BBEW)	Monatlich	
Baugesuche Hochbau (BBGES)	Monatlich	
Referenzreihe		
Bruttoinlandprodukt (Mio. CHF) (BIP)	Quartal	X

Quelle: Credit Suisse Economic Research; Bundesamt für Statistik, Staatssekretariat für Wirtschaft (Seco); Eidgenössische Zollverwaltung; Schweizer Baublatt.

Anhand der Entwicklung von Importen und Exporten aus der Statistik der Eidgenössischen Zollverwaltung können Aussagen zur Tätigkeit im Industriesektor abgeleitet werden. Sofern sie Konsumgüter betreffen, geben Importe zusätzlich Aufschluss über den privaten Konsum. Eine Bereinigung der Aussenhandelszahlen um Energieträger, Edelsteine und -metalle, Schmuck sowie zusätzlich um Luftfahrzeuge und zugehörige Ersatzteile bei den Importen drängte sich aufgrund der tiefen regionalen Gliederung auf. Importe und Exporte in diesen Güterkategorien konzentrieren sich oft in einigen wenigen Kantonen, was eine verzerrende Wirkung auf das Konjunkturbarometer für diese Regionen haben würde. Der Import von Luftfahrzeugen durch die Fluggesellschaft SWISS, welcher im Kanton Zürich verbucht wird, würde zum Beispiel das Konjunkturbild dieses Kantons deutlich nach oben verzerren.

Die Variable Logiernächte in Hotels soll der ausgeprägten touristischen Ausrichtung gewisser Schweizer Regionen Rechnung tragen und den Beitrag dieser Branche zur regionalen Wertschöpfung berücksichtigen. Die Anzahl Baubewilligungen und Baugesuche im Hochbau ermöglicht schliesslich eine Beurteilung der Baukonjunktur.

2.2. Konstruktion des Konjunkturbarometers

Nach der Auswahl eines Satzes potentieller Variablen wurden die Daten im Hinblick auf die Implementierung der Hauptkomponentenanalyse aufbereitet. In einem ersten Schritt wurde die unterschiedliche Periodizität der Variablen auf Quartale aggregiert. Es ist zwar bei der Konstruktion von Sammelindikatoren üblich, mit monatlichen Daten zu arbeiten und die jeweils nur quartalsweise verfügbaren Daten zu interpolieren. Um falsche Signale auf regionaler Ebene zu vermeiden wurde jedoch der Interpolation die Aggregation auf eine höhere Periodizität vorgezogen. Wertmässige Variablen wurden in einem zweiten Schritt anhand geeigneter Preisindizes deflationiert. Für die Importe wurde der Importpreisindex herangezogen, für die Exporte der Produzentenpreisindex für den Export. In einem dritten Schritt wurden die Zeitreihen anhand des X12-Arima-Verfahrens von saisonalen und zufälligen Einflüssen bereinigt (vgl. Findley/Monsell/Bell/Otto/Chen [1998]). Die resultierende glatte Komponente, welche jeweils Trend und Zyklus darstellt, ermöglicht eine deutliche Erkennung der Hauptrichtung der Zeitreihe und wurde aus diesem Grund den saisonbereinigten Zeitreihen vorgezogen.

Da das kantonale Konjunkturbarometer in erster Linie über die Entwicklung der wirtschaftlichen Tätigkeit und insbesondere über Wachstumstendenzen und Wendepunkte Aufschluss geben soll, wurde als Ausgangspunkt nicht das absolute Niveau der Zeitreihen bzw. ihrer glatten Komponente, sondern deren Veränderungsrate gewählt. Zur Berechnung der Veränderungsraten ist die symmetrische Wachstumsrate herangezogen worden, welche wie folgt definiert ist:

$$w_{k,(t-1,t)} = 200 \cdot \frac{(X_{kt} - X_{k,t-1})}{(X_{kt} + X_{k,t-1})} ,$$

wobei X_k mit k = 1, ..., p die ausgewählte Komponente zu den Zeitpunkten [t] und [t-1] darstellt. Diese Veränderungsrate, welche oft zur Konstruktion von Sammelindikatoren verwendet wird, ermöglicht die symmetrische Erfassung von positiven und negativen Veränderungen. Die Erhöhung einer Variable um einen Prozentpunkt gefolgt von einer Abnahme um einen Prozentpunkt lässt das Niveau der betrachteten Variable unverändert. Diese Eigenschaft ist bei der üblichen arithmetischen Wachstumsrate nicht erfüllt. Die gleiche prozentuale Zunahme und Abnahme führt zu einem leicht niedrigeren Niveau der betrachteten Variable.

Nach der Berechnung der symmetrischen Veränderungsraten der glatten Komponente aller berücksichtigten Variablen wurde als letzter Schritt die Hauptkomponentenanalyse durchgeführt. Berücksichtigt wurden dabei unterschiedliche Kombinationen von Variablen, für welche jeweils Veränderungsraten gegenüber dem Vorquartal und dem Vorjahresquartal berechnet wurden.

Die Hauptkomponentenanalyse ist ein multivariates statistisches Verfahren zur Analyse der Beziehungen zwischen einer Vielzahl von quantitativen Variablen. Ziel dieses Verfahrens als eine der Techniken der Faktorenanalyse ist die Zurückführung einer grösseren Menge beobachtbarer Variablen auf möglichst wenige hypothetische, latente Variablen, sogenannte Hauptkomponenten oder Faktoren. Letztere ergeben sich als Linearkombinationen der ursprünglichen Variablen, so dass mit möglichst wenigen solcher Hauptkomponenten möglichst viel der Varianz der ursprünglichen Variablen erfasst wird. Die Hauptkomponentenanalyse nutzt somit die Varianz-Kovarianzstruktur bzw. die Korrelationsstruktur der ursprünglichen Variablen, um die im Hintergrund wirkenden hypothetischen Variablen, die diese Varianz-Kovarianzstruktur mitbestimmen, abzuleiten.

Gegeben sei ein Zufallsvektor $\mathbf{X}' = [X_1, \ldots, X_p]$ mit Varianz-Kovarianzmatrix $\mathbf{\Sigma}$ und zugehörigen Eigenwerten $\lambda_1 \geq \lambda_2 \geq \ldots \geq \lambda_p \geq 0$. Man betrachte die Linearkombinationen

$$
\begin{array}{l}
Y_1 = l_1'\mathbf{X} = l_{11}X_1 + l_{21}X_2 + \ldots + l_{p1}X_p \\
Y_2 = l_2'\mathbf{X} = l_{12}X_1 + l_{22}X_2 + \ldots + l_{p2}X_p \\
\vdots \qquad \vdots \qquad\qquad \vdots \\
Y_p = l_p'\mathbf{X} = l_{1p}X_1 + l_{2p}X_2 + \ldots + l_{pp}X_p ,
\end{array}
$$

wobei

$$Var(Y_k) = l_k^{'}\mathbf{\Sigma}l_k \quad , \qquad k = 1,\mathrm{K}\ , p$$
$$Cov(Y_k, Y_i) = l_k^{'}\mathbf{\Sigma}l_i \quad , \quad k,i = 1,\mathrm{K}\ , p \ , \quad k \neq i$$

gilt. Die gesuchten Hauptkomponenten sind diejenigen unkorrelierten Linearkombinationen Y_1, Y_2, ..., Y_p, deren Varianz am grössten ist. Diese Aufgabe, welche graphisch einer Hauptachsentransformation entspricht, lässt sich wie folgt lösen. Die erste Hauptkomponente ist die Linearkombination $l_1'\mathbf{X}$, welche die Varianz $\mathrm{Var}(Y_1) = \mathrm{Var}\,(l_1'\mathbf{X})$ unter der Restriktion $l_1'l_1 = 1$ maximiert. Diese Restriktion ist notwendig, weil sonst die Varianz durch die Multiplikation von l_1 mit einer Konstante beliebig erhöht werden könnte. Die zweite Hauptkomponente ist die Linearkombination $l_2'\mathbf{X}$, welche $\mathrm{Var}(Y_2) = \mathrm{Var}\,(l_2'\mathbf{X})$ unter den Restriktionen $l_2'l_2 = 1$ und $\mathrm{Cov}(l_1'\mathbf{X}\ , l_2'\mathbf{X}\ )$ maximiert. Das Verfahren wird fortgesetzt, bis alle p Hauptkomponenten bestimmt worden sind.

Die Hauptkomponenten können auch anhand der Eigenvektoren der Varianz-Kovarianzmatrix $\mathbf{\Sigma}$ definiert werden. Seien $(\lambda_1, \mathbf{e}_1)$, $(\lambda_2, \mathbf{e}_2)$, ..., $(\lambda_p, \mathbf{e}_p)$ Eigenwert-Eigenvektor-Paare der Varianz-Kovarianzmatrix $\mathbf{\Sigma}$. Die k-te Hauptkomponente ist gegeben durch

$$Y_k = \mathbf{e}_k^{'}\mathbf{X} = e_{1k}X_1 + e_{2k}X_2 + \mathrm{K} + e_{pk}X_p \ ,$$

wobei

$$Var(Y_k) = \mathbf{e}_k^{'}\mathbf{\Sigma}\mathbf{e}_k = \lambda_k \quad , \qquad k = 1,\mathrm{K}\ , p$$
$$Cov(Y_k, Y_i) = \mathbf{e}_k^{'}\mathbf{\Sigma}\mathbf{e}_i = 0 \ , \quad k,i = 1,\mathrm{K}\ , p \ , \ k \neq i \ .$$

Weiter gilt

$$\sum_{k=1}^{p} Var(X_k) = \sigma_{11} + \sigma_{22} + \mathrm{K} + \sigma_{pp} = \sum_{k=1}^{p} Var(Y_k) = \lambda_1 + \lambda_2 + \mathrm{K} + \lambda_p \ .$$

Der Anteil der Varianz, der durch die *i*-te Hauptkomponente erklärt wird, entspricht folglich

$$\theta = \frac{\lambda_i}{\lambda_1 + \lambda_2 + \mathrm{K} + \lambda_p} \; .$$

Eine analoge Herleitung der Hauptkomponenten kann ausgehend von der Korrelationsmatrix **R** der ursprünglichen Variablen durchgeführt werden. In diesem Fall werden jedoch die Hauptkomponenten der standardisierten Variablen berechnet.

Nach der Durchführung der Hauptachsentransformation besteht der zweite Schritt der Hauptkomponentenanalyse darin, die Anzahl Hauptkomponenten zu bestimmen, welche die ursprünglichen Variablen ersetzen sollen. Mögliche Kriterien orientieren sich an der Höhe der Eigenwerte oder am Prozentsatz der Varianz, der durch die gewählten Hauptkomponenten erklärt werden kann. Nicht zuletzt wird die berücksichtigte Anzahl Hauptkomponenten durch die jeweilige Fragestellung bestimmt.

2.3. Diffusionsindex

Wie oben erwähnt, Diffusionsindizes können eine nützliche Ergänzung bei der Beurteilung des Konjunkturzyklus darstellen. Diese Indizes zeigen wie verbreitet ein bestimmter Konjunkturimpuls in der Volkswirtschaft ist, indem sie den Anteil der Variablen messen, die sich in eine bestimmte Richtung bewegen.

Der erste Schritt bei der Berechnung eines Diffusionsindexes besteht darin zu ermitteln, ob die einzelnen Komponenten über ein Quartal eine positive bzw. negative Wachstumsrate verzeichnet haben oder ob keine Veränderung stattgefunden hat. Komponenten, die eine Zunahme von mehr als 0.5 % aufweisen wird der Wert Eins zugeordnet, solchen mit einer Veränderung unter 0.5 % der Wert 0.5 und solchen, die eine Abnahme um mehr als 0.5 % verzeichnen der Wert Null.

Die entsprechende Indikatorvariable D_{kt} ist definiert als

$$D_{kt} = \begin{cases} 1 & \text{wenn } w_{kt} > 0.5\% \\ 0.5 & \text{wenn } -0.5\% \leq w_{kt} \leq 0.5\% \\ 0 & \text{wenn } w_{kt} < -0.5\% \end{cases},$$

wobei w_{kt} die symmetrische Veränderungsrate der Komponente k, $k = 1, \ldots, p$ darstellt.

Der Diffusionsindex I_t^D ergibt sich dann wie folgt:

$$I_t^D = \frac{1}{p} \cdot \left(\sum_{k=1}^{p} D_{kt} \right) \cdot 100 \ .$$

Ein Wert des Diffusionsindexes über 50 % bedeutet, dass die Mehrheit der berücksichtigten Komponenten eine Zunahme verzeichnet hat, ein Wert unter 50 % bedeutet, dass die Mehrheit der Komponenten am sinken ist.

2.4. Ergebnisse

Die Ergebnisse aus der Hauptkomponentenanalyse sind in Tabelle 2 zusammengefasst. Das Konjunkturbarometer entspricht der ersten Hauptkomponente. Diese weist einen Eigenwert von 3.30 auf, welcher deutlich über den Eigenwerten der anderen Hauptkomponenten liegt. Der Anteil der Gesamtvariation, der durch die erste Hauptkomponente erklärt wird, beträgt 47.19 % und liegt ebenfalls deutlich über den Beiträgen der anderen Hauptkomponenten. Der Eigenvektor zur ersten Hauptkomponente, welcher die Bedeutung der einzelnen Variablen ausdrückt, zeigt ein ausgewogenes Bild. Die geringsten Beiträge liefern die Variablen zum Baugewerbe, gefolgt von den Neuzulassungen an Fahrzeugen.

Tabelle 2
Kennzahlen der Hauptkomponentenanalyse

Statistik	Wert
Eigenwert	3.30
Anteil erklärter Varianz an der Gesamtvariation	47.19%
Eigenvektor	
OS	0.45
FAZG	0.16
M	0.53
X	0.49
LO	0.49
BBEW	0.04
BGES	0.03

Quelle: Credit Suisse Economic Research.

Abbildung 1 zeigt das Konjunkturbarometer für die Schweizer Wirtschaft und vergleicht es mit der Entwicklung des realen Bruttoinlandproduktes. Insgesamt erreicht das Konjunkturbarometer eine gute Anpassung der Referenzreihe und beschreibt auch die meisten Wendepunkte, definiert als Extrempunkte der Wachstumsrate. Die Abbildung zeigt auch die Perioden, in welchen gemäss Diffusionsindex die Mehrheit der berücksichtigten Variablen am sinken war.

3. Schätz- und Vorlaufseigenschaften

Die Schätz- und Prognosequalität eines Sammelindikators hängt davon ab, wie gut er die Referenzreihe und insbesondere deren Wendepunkte beschreiben bzw. voraussagen kann. Wie bereits erwähnt, kann die Güte des Konjunkturbarometers im vorliegenden Fall lediglich auf Schweizer Ebene beurteilt werden.

Abbildung 1
Konjunkturbarometer und Bruttoinlandprodukt in der Schweiz

Synthetischer Index: Erste Hauptkomponente

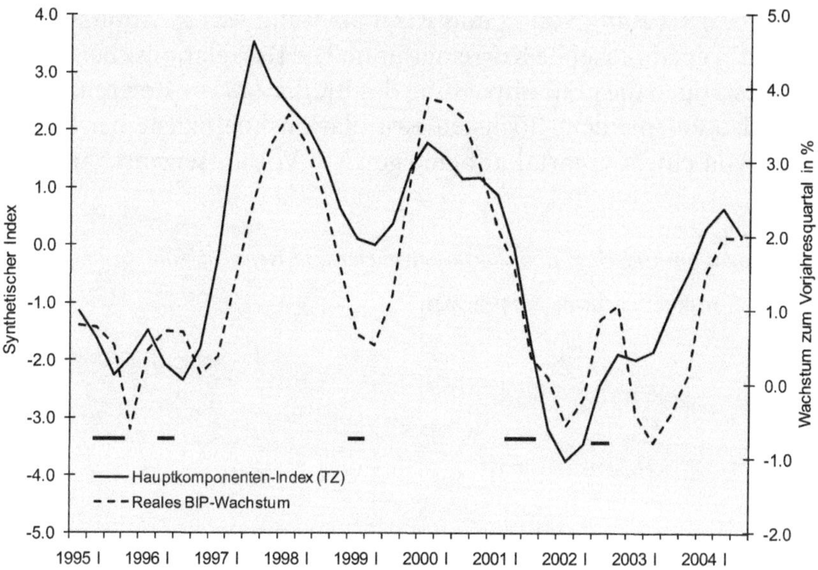

– Perioden mit Diffusionsindex < 50%

Quelle: Credit Suisse Economic Research.

3.1. Korrelationsanalyse

Zur Überprüfung der Lead-Lag-Struktur zwischen errechnetem Indikator und Referenzreihe sind in einem ersten Schritt Korrelationen berechnet worden. In der Regel wird der höchste Wert des Korrelationskoeffizienten als „Lead" oder „Lag" in Bezug auf die Referenzreihe angesehen. Im vorliegenden Fall haben wir Korrelationen innerhalb eines Horizonts von acht Quartalen anhand des Rangkorrelationskoeffizienten von Spearman berechnet, der definiert ist als

$$r_{SP} = 1 - \frac{6 \cdot \sum_{i=1}^{n} [R(x_i) - R(s_i)]^2}{(n-1) \cdot n \cdot (n+1)} \quad ,$$

mit $R(x_i)$ als Rang von x_i und $R(s_i)$ als Rang von s_i. Abbildung 2 zeigt das entsprechende Korrelogramm. Die Korrelationskoeffizienten bestätigen die gute Anpassung des Indikators zur Referenzreihe und deuten mit dem höchsten Korrelationskoeffizient bei einem Lead von einem Quartal auf eine gewisse Vorlaufseigenschaft hin.

Abbildung 2
Korrelogramm zwischen Konjunkturbarometer und Referenzreihe

Korrelationskoeffizient nach Spearman

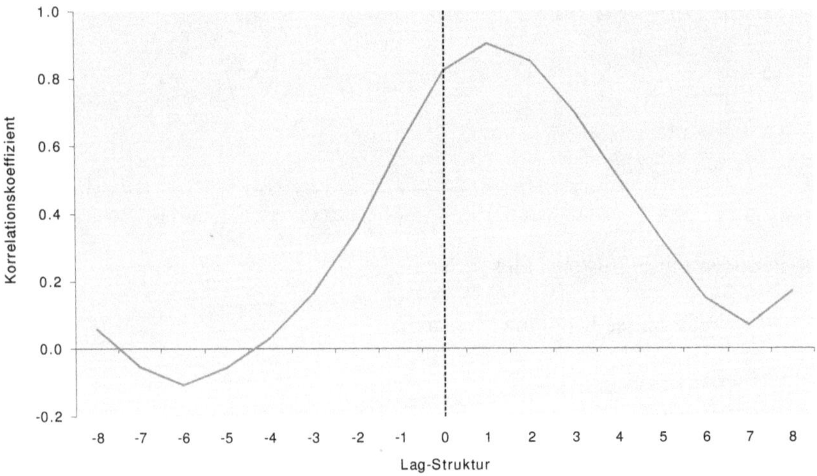

Quelle: Credit Suisse Economic Research.

3.2. Regressionsmodelle

Zur statistischen Untermauerung der Resultate aus der Korrelationsanalyse haben wir Regressionsmodelle für die Referenzreihe herangezogen und t-Tests für verschiedene Lead-Lag-Strukturen des

Konjunkturbarometers durchgeführt. In einem ersten Schritt wurde folgendes Regressionsmodell anhand der OLS-Methode geschätzt:

$$GDP_t = \alpha + \beta \cdot I_{t-l} + \varepsilon_t$$
$$\varepsilon_t \sim N(0,\sigma^2) \ ,$$

wobei I_{t-l} den Indikator zum Zeitpunkt [t-l] und l = -8, -7, ..., -1, 0, 1, ..., 7, 8 den Lag bzw. Lead bis zu 8 Quartalen darstellen. Aufgrund der starken Autokorrelation der Residuen musste das Modell in einem zweiten Schritt um eine autoregressive Fehlerkorrektur ergänzt werden. Daraus ergab sich folgender Ansatz:

$$GDP_t = \alpha + \beta \cdot I_{t-l} + \varepsilon_t$$
$$\varepsilon_t = -\varphi_1 \cdot \varepsilon_{t-1} - \varphi_2 \cdot \varepsilon_{t-2} - \mathrm{K} - \varphi_q \cdot \varepsilon_{t-q} + \eta_t$$
$$\eta_t \sim N(0,\sigma^2) \ ,$$

Tabelle 3
Regressionsergebnisse

Lead-Lag-Struktur	*t*-Test Intercept	*t*-Test Indikator	R^2	Autoregr. Korrektur Ordnung (q)
Lag, 1 Quartal	3.054*	1.723	0.767	A(2)
Gleichlaufend	4.226*	4.876*	0.824	A(1)
Lead, 1 Quartal	6.518*	6.698*	0.844	A(1)

* Signifikant bei 1%

Quelle: Credit Suisse Economic Research.

Die Ergebnisse für eine Lead-Lag-Struktur von einem Quartal sind in Tabelle 3 zusammengefasst. Die signifikante Testergebnisse und hohe R^2-Werte zeigen eine gute Konformität zur Referenzreihe für den gleichlaufenden Indikator und den Vorlaufsindikator. Die Vorlaufseigenschaft um ein Quartal wird dabei bestätigt, die Hypothese einer Lag-Struktur hingegen verworfen. Wie aufgrund der Korrelationsanalyse zu erwarten war, erwiesen sich die Schätzergebnisse für höhere Lead-Lag-Strukturen als nicht signifikant.

Abbildung 3
Konjunkturbarometer und Diffusionsindex für den Kanton Zürich

Synthetischer Index: Erste Hauptkomponente

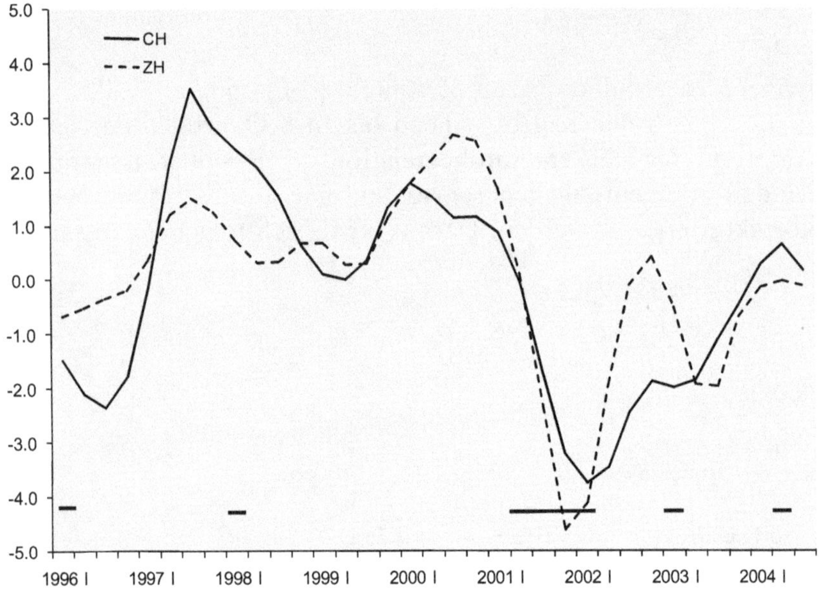

– Perioden mit Diffusionsindex < 50%

Quelle: Credit Suisse Economic Research.

4. Interpretation der Ergebnisse und Anwendung auf regionaler Ebene

Das aufgrund einer Hauptkomponentenanalyse errechnete Konjunkturbarometer stellt einen synthetischen Indikator zur Beschreibung der Wirtschaftslage mit einem Vorlauf von einem Quartal dar. Die Anwendung dieses Barometers zur Beurteilung der kantonalen Konjunktur impliziert eine Verallgemeinerung der Schätzeigenschaf-

Abbildung 4
Konjunkturbarometer und Diffusionsindex für das Fürstentum Liechtenstein

Synthetischer Index: Erste Hauptkomponente

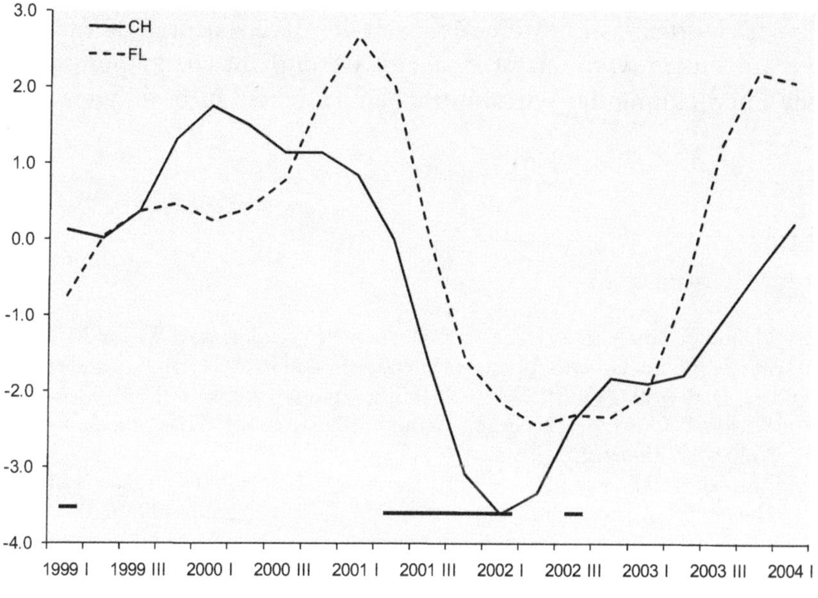

– Perioden mit Diffusionsindex < 50%

Quelle: Credit Suisse Economic Research.

ten für die einzelnen Regionen. Dies beruht auf der Annahme, dass die berücksichtigten Variablen den Konjunkturverlauf sowohl auf nationaler als auch auf kantonaler Ebene beschreiben.

Dieses Konjunkturbarometer ermöglicht qualitative Aussagen über die Entwicklung der kantonalen Wertschöpfung, indem Wachstumstendenzen und Wendepunkte aufgezeigt werden. Die Dimension der ersten Hauptkomponente, welche das Barometer darstellt, ist nicht mit der Wachstumsrate der Referenzreihe gleichzusetzen. Negative Werte des Konjunkturbarometers sind deshalb nicht gleichbedeutend mit einem Signal für eine negative Wachstumsrate, sondern zeigen lediglich eine Wachstumsverlangsamung auf.

Abbildung 3 und Abbildung 4 veranschaulichen den Verlauf des Konjunkturbarometers für den Kanton Zürich und das Fürstentum Liechtenstein, jeweils der Entwicklung auf Schweizer Ebene gegenübergestellt. Die Abbildungen zeigen auch die Perioden, in welchen gemäss Diffusionsindex die Mehrheit der berücksichtigten Variablen am sinken war. Letzterer scheint wesentliche Wendepunkte in der Entwicklung der wirtschaftlichen Tätigkeit zu bestätigen.

Literatur

Bry, G. und C. Boschan (1978), The Phase Average Trend: A New Way of Measuring Economic Growth, National Bureau of Economic Research, Cambridge.

Findley, D. F. et al. (1998), New Capabilities and Methods of the X-12-Arima Seasonal Adjustment Program, Journal of Business and Economic Statistics, Vol. 16, Number 2.

Fritsche, U. und Stephan, S. (2000), Leading Indicators of German Business Cycles: An Assessment of Properties, DIW Discussion Paper No. 207.

Hamilton, J. D. (1994), Time Series Analysis, Princeton University Press, Princeton.

Johnson, R. A. und Wichern, D. W. (1992), Applied Multivariate Statistical Analysis, 3. Edition, Prentice Hall, Englewood Cliffs.

Judge, G. G., et al. (1985): The Theory and Practice of Econometrics, 2nd Edition, John Wiley & Sons, New York.

Konjunkturforschungsstelle der ETH (o. J.): Monatsbericht.

OECD (Ed.) (1987), OECD Leading Indicators and Business Cycles in Member Countries, Sources and Methods 1960–1985, No. 39, OECD, Paris.

OECD (Ed.) (1996), An Update of OECD Leading Indicators, Paper presented at the OECD Meeting on Leading Indicators, Paris.

The Conference Board (Ed.) (1997), Business Cycle Indicators, The Conference Board, New York.

Renata Grzęda Latocha*

Survey Data and the Euro Area Business Cycle

According to economic theory output gap is a useful indicator of business cycle stance. Given the difficulty in observing the output gap, we postulate that alternative indicators of pressure on capacity should be monitored, especially those obtained from business surveys. As our analysis for the period Q1 1985 – Q2 2003 shows, survey-based indicator of output gap – capacity utilization in the overall economy – gives an new insight into business cycle stance. The amplitude and volatility of the business cycle is more than twice as low as that implied by conventional "administrative" measure of output gap – logarithmic difference between real GDP and its potential value.

Key Words: Business cycle, Capacity utilization, Output gap, Survey methods

JEL Codes: E31, C32

1. Introduction

Establishment of truth economic regularities depends on findings of data-based studies. These, in turn, are related to how economic phenomena are approximated, especially unobserved ones, and in high part on the quality of data. One of the most important economic phenomena is business cycle, the understanding of which requires good empirical models and data of high-quality on output gap. The output gap is considered as a measure of the condition of the business cycle.

* Dr. Renata Grzęda Latocha, Department of Econometrics, Institute of Econometrics and Statistics, University of Łódź, Poland, E-Mail: renata.grzeda@web.de.

There is a problem how to map the economic concept of output gap into a plotted time series. Potential output is an unobserved economic variable. For this reason, several structural, non-structural and semi-structural techniques of output gap modeling have been developed. It is noticeable that in the literature hardly any special attention has been given to direct measures of the output gap as obtained from business surveys in which firms are directly asked for the assessment of their capacity utilization rate (i.e. the ratio of actual to potential output).

A majority of national institutions and other international organizations, such as the IMF and the European Commission (EC), Organization for Economic Co-operation and Development (OECD) focus in general on the structural methods and calculate the output gap as the percentage difference between actual Gross Domestic Product (GDP) in constant prices and estimated potential GDP. It is a conventional approach to output gap calculation. However the GDP is not an accurate measure of the magnitude of excess demand and supply (business cycle stance). There are difficulties in estimation of output in services. Productivity in services is growing much faster than the data indicate and therefore GDP is probably underestimated. In view of these problems the question is right whether survey-based indicators of output gap should be monitored.

Firms, taking part in an industry survey in the euro area countries, are directly asked for the assessment of their capacity utilization rate (i.e. the ratio of actual to potential output). The different nature of survey data might imply that capacity utilization indicator contains different information about the magnitude of excess demand and supply (business cycle stance) in the euro area in comparison with conventional measure. Whether or not survey data might lead to a better insight into business cycle stance in the euro area as compared to the conventional measure is to a large extend an empirical question.

Figure 1
Measures of output gap in the euro area

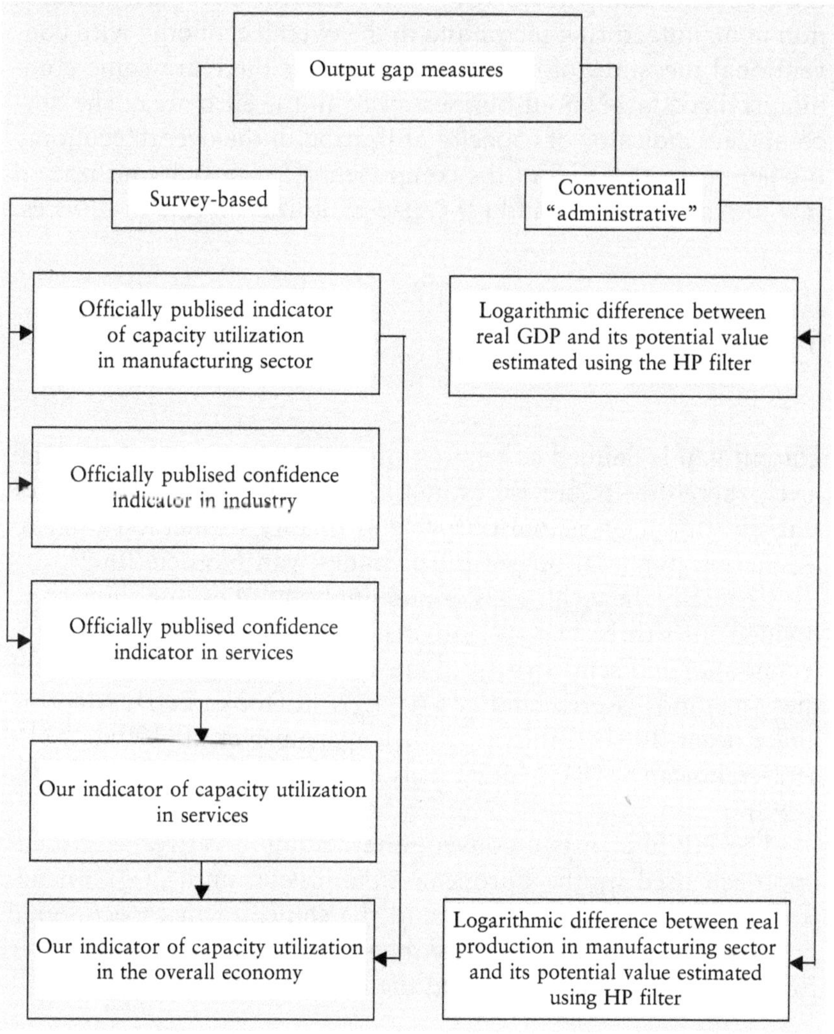

Source: Own elaboration.

The goal of this work is to check the performance of survey measure of output gap in analysis of the euro area business cycle. In this paper we compare survey based indicator of capacity utilization in manufacturing sector and in the overall economy with conventional measures of output gap, whether there are some common stylized facts about business cycle in the euro area. The new composite indicator of capacity utilization in the overall economy is a summary statistics of the components: (1) capacity utilization rate in manufacturing and (2) capacity utilization rate in services.

2. Conventional Measure of Output Gap

Output gap is defined as relation of actual output to its potential level, therefore its precise estimation depends on the quality of statistical data on actual output and quality of method used to estimation potential output (Orphanides, van Norden 2002).

Generally the techniques of potential output estimation can be divided into three classes non-structural (statistical), structural (economic) and semi-structural methods. A detailed discussion of these methods is presented in Chagny and Döpke 2001, Morrow and Roeger 2001, Canova 1998, Dupasquier et al. 1997; Gibbs 1995; Christano 1981; Morley, Nelson i Zivot 2003; De Brouwer, G. 1998).

The HP-filter was a conventional "administrative" statistical approach used by the European Commission until 2001 for assessing the economic outlook and the stance of macroeconomic policies. The main reasons why the EC has relied on the HP filter for estimating trend output and the output gap is

> that [...] it is pure mechanical smoothing procedure, whose statistical foundations are simple and transparent. It does not require any judgment assumptions nor reliance on any particular economic theory, and estimates from the HP filter can be easily and quickly replicated (EPC 2001, p. 2).

However the Commission noted that the HP filter is also a subject to significant shortcomings. There is a problem at the end of samples, which is the place most relevant for policymakers. Economic fluctuations at the end of the projection period may gain excessive weight in the estimation of trend output. If, for example, actual output falls at the end of the period, trend output will also fall so that it may be underestimated.

In contrast to statistical approaches, a common feature of economic methods is to define potential output as the level of the variable consistent with stable inflation. The ad-hoc working group of experts from the European Policy Committee and EU Member States, the EC and the ECB, as well as international organizations such as the IMF and the OECD during several meeting from June 1999 to October 2001, reviewed the estimation methods and recommended the function approach as adequate framework for calculation of output gap in the euro area. The estimates from the standard HP-filter approach should be an additional reference because the new structural estimates were generally relatively close to those provided by the HP-filter (EPC 2001).

One problem associated with the production function method is that it is very data-intensive. Data for the inputs (capital, labor) are often of poor quality, are infrequently measured, or may even be non-existent. The other problem is that it is not clear which production function is appropriate for the economy. To overcome the limitations of statistical approaches, methods have been developed that add information derived from economic theory to statistical techniques. These methods are called semi-structural methods (EPC 2001).

The essential question here is not whether an economic or statistical based approach is a better approach to estimate output gap. Both approaches have several shortcomings. Reliability of economic analysis depends also on the quality of statistical data used for approximation of output. Low quality[1] of statistical data, especial-

1 Eurostat's data quality is made up of seven dimensions: relevance, accuracy, timeliness and punctuality, accessibility and clarity, comparability, coherence, and completeness (Laliberté et al. 2004).

ly in terms of accuracy, bias significantly business cycle outlook and estimation results of inflation models and thus has implications for conduction of monetary policy. Gross Domestic Product, a key variable within the system of national accounts, is the standard measure of real output in the economy. Degree with which GDP correctly estimates the values that is designed to measure, is falling because of growth of services sector. The service sector has gained even more importance in the euro area. On average, almost 70 % of the real gross value added (GVA) within the euro area economy is accounted by the services sector (see Figure 2).

Within the service sector, the greatest expansions are accounted for by financial services and business activities (25.7%), followed by public services (21.3%) and trade, transport and communications (21%). The share of the manufacturing industry shrinks accordingly (23.4%). If the fact, that the GVA produced by manufacturing and services is disregarded, the remaining contributions made by agriculture and construction are only of secondary importance: 2.6% and 5.7% respectively (see Figure 2). Looking at the dynamic of GVA, the most vigorous growth in GVA in the euro area occurred in financial services and business activities (+5.1%) in the first quarter of 2001 (see Figure 3).

Figure 2
Structure of GVA on sectors of the euro area economy

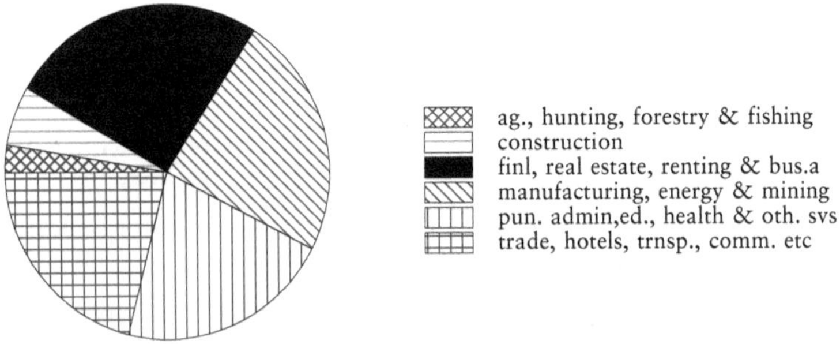

Note: As % of total economy, average for the period 1991–2003.

Source: Own elaboration with European Central Bank data.

Figure 3
Euro area annual GVA growth rates

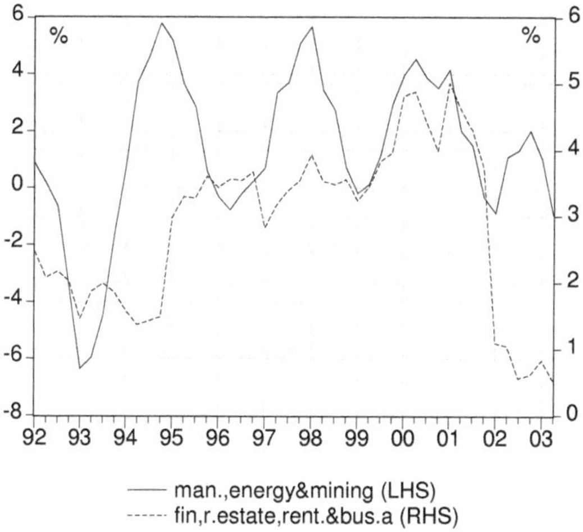

Note: Fin.r.estate,rent&bus.a. – financial intermediation, real estate, renting and business activities; man. – manufacturing.

Source: Own elaboration with European Central Bank data.

The GVA in manufacturing grew at +4.1% in the same time. On the other hand, from mid 2001 till mid 2003 business services growth slowed down dramatically, much more pronounced than in the case of manufacturing.

The definition of real output for services may be broken down into a number of component problems including: classification of activities and products, size and structure of the services sector, measurement of current price output and inputs, estimation of real output. Another problems form this field are related to the measurement of international trade in services and surveying services activities. Several international and national groups are working on these aspects, among them Voorburg Group on Services Statistics, UN Expert Group on Social and Economic Classifications, UN Interagency Task Force on Statistics of International Trade in Services, i.e. (OECD 2000).

Output in services is not readily observable and for these reasons, most statistical offices obtain real value added for example for non-market services by the "input" approach through employment series (OECD 2000). However the input approach using the information about employment does not properly take account of changes in labor productivity. A solution may be an approach when employees are classified by grade or skill-levels so that a shift in the composition of the labor force from less to more skilled staff will produce some increase in real value added. However if the change in productivity is linked to the management or use of better equipment this approach failures even more.

The absence of huge productivity gains has created the productivity paradox – absence of the productivity improvements expected from new technology in the official statistics. As Diewert and Fox (1998) have observed, there has been a measured productivity slow-down in industrialized countries in the last 25 years, the very time when we would have expected to see large increases in productivity growth due to rapid technological change. One explanation of this fact is the difficulty in constructing reliable output measures for the service sector that could capture growing productivity and real output in services.

Given the difficulties in estimation of output in services and productivity paradox there is good reason to believe that real output may be underestimated (Plosser 1999). In view of these problems the question is right if central bankers still have sufficient insight into business cycle stance given unreliable measure of real output and shortcomings of methods for potential output estimation. If conventional approach to output gap estimation does not deliver a reliable numerical value of output gap, why do not focus on survey-based indicators of output gap? Ehrmann and Ellison (2001) argue that these data are better than conventional measures of output, because they better capture changes in productivity and other adjustments firms may have introduced to improve the production process and thus potential production.

3. Survey-Based Indicators of Output Gap

Information generated from business and consumer surveys is primarily designed to deal with judgments, estimates and expectations of economic agents. The European Commission collects directly the national data from surveys and reproduces them in a way that makes the analysis for the Union as a whole possible and allows for meaningful inter-Union comparisons. The data provided by the national institutes are comparable and are obtained within the same time period. All national surveys are addressed to samples that vary according to the size of the country and the size and structure of the sector. All surveys are monthly surveys on specific topic, except the investment survey, which is conducted only twice a year (EC 1997). Business survey results are currently the most accessible and timely economic indicators in the euro area. Therefore, there is good reason to further test their usefulness in business cycle analysis. To used them in econometric analysis a statement about their quality is needed.

3.1 Quality of survey data

Survey data are of high quality because are conducted on sound statistical grounding. As the EC (1997) states the institutes appointed by the Commission to conduct surveys in each country ensure that the samples chosen are representative. The survey business sample of manufacturing industry is derived from the frame that reflects the total manufacturing industry. The frame is created using different information channels, such as business registers, trade statistics, etc.

A problem may be a measurement error, which may occur, when respondents in the companies give incorrect answers. However these measurement errors are reduced by the fact that for the analysis mainly the survey-to-survey changes are of concern. Here the panel character of the EU business surveys, i.e. asking each time with only small deviations the same companies, has a very positive effect, especially when the person answering the question is always the same (EC 1997).

An important problem is also non-response error results from the failure to collect data on all persons in the sample. The participation of managers in the survey is voluntary. As a result not all managers are willing to answer the question posted in the survey. This, of course, impacts the quality and reliability of the results and therefore the European Commission stresses that the response rate must be enough in order to guarantee a reliable outcome (EC 1997).

3.2 Capacity utilization in manufacturing sector

Firms taking part in the industry survey are asked for their own assessment of how intensively production capacity was used. Because capacity utilization rate is directly related to the output gap and measures the operating rate of the nation's industrial capacity may be considered as an approximation of output gap. It is the maximum level of output a firm can produce given normal downtime and available inputs (Kenessy 1990).

The question about capacity utilization is asked in the harmonized industry survey four times a year, in January, April, July and October (EC 1997). The firms in the manufacturing sector taking part in the quarterly survey are asked: The utilization of our plant for the production of XY (usual full utilization=100 %) amounts currently to: up to 30/40/50/60/70/80/85/90/95/100/ more than 100 %, being.... % (Question for Germany in Ifo Business Survey). For the euro area the data are published quarterly by the European Commission (Directorate General for Economic and Financial Affairs, DG ECFIN).

Analyzing the question concerning the capacity utilization, the survey does not specify any explicit definition of what is meant by capacity. Firms may interpret it in technical or economic sense.

The technologically derived primal definition of capacity equates capacity with the maximum potential output given inputs without any economic optimization. In contrast, the economic definition of capacity means that for a given output level and state of technology, the firm produces output at the lowest average cost (Kirkley and Squires 1999, Shapiro 1989). For instance, the higher costs may make it only most profitable to operate only one 40-hrs shift a week. This would be the economic, or normal, capacity. But it may be physically feasible to operate 60 hours per week. Thus an actual working week of 36-hrs would represent an economic capacity utilization rate of 90%, but a technological capacity utilization rate of only 60% (Shaik 1999).

Similarly, respondents may confuse the concept of economic capacity with their own subjective or preferred level of capacity utilization (Kenny 1996). Lindlbauer (2000) mentions reasons why the definition of "capacity" rightly rests largely on the shoulders of the survey participant in a firm. The main reason is that this person should not be burdened with complicated calculation procedures, which possibly do not coincide with those used in a specific firm. Generally speaking, it is not possible to formulate the question in such a precise way that it is fully applicable to all companies given specific particularities in different industries or company size classes. Another problem is the interpretation of the survey results. Does an increasing rate of capacity utilization, for example, reflect a temporary cyclical movement in demand or a more permanent shift in the installed technical capacity (Kenny 1996). The increasing capacity due to the demand will change the output level and thus output gap.

3.3 Overall economy's capacity utilization

The data on capacity utilization covers only manufacturing industry. In the questionnaire the managers are not asked for assessment of the current capacity utilization level. Thus, a survey measure of capacity utilization in services is needed and an index of capacity utilization for the overall euro area economy. In order to make up for this deficiency we construct a measure of capacity utilization rate in services and a comprehensive measure of the capacity utilization rate for the overall euro area economy (industry + services) (see Grzęda Latocha, Nerb 2004).

The EC provides a services confidence indicator (CI-SER) which is limited to an arithmetic average of three of its five components of the services survey: "assessment of business climate", "evolution of demand expected in the months ahead" and "evolution of employment expected in the months ahead" (see Figure 4).

Figure 4
Confidence in the euro area industry and services

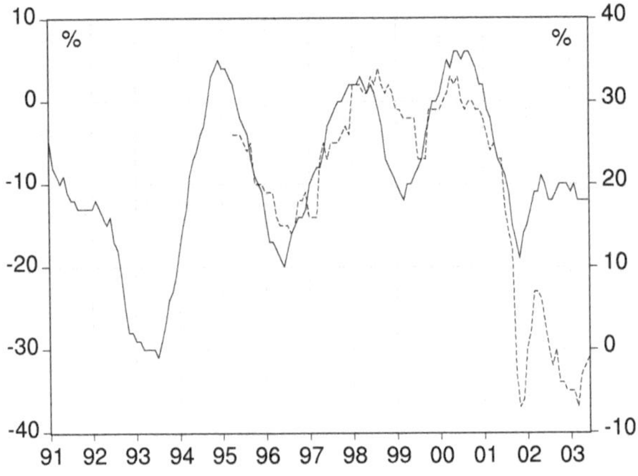

Source: Own elaboration with European Commission (DG ECFIN) data.

Time series of services confidence indicator may be transformed to time series of capacity utilization rate in services (CU-SER) using a special procedure. We start with comparison of industrial capacity utilization index (CU-IND) with the industrial confidence indicator (CI-IND). If both series are strongly related we suppose the services confidence indicator would be strongly related to the capacity utilization index in services if the capacity utilization in services would exist.

The industrial confidence indicator (CI-IND) is the arithmetic average of the responses to the questions on the assessment of the following categories: order books, stocks of finished products and production expectations (EC 2003). The data are available in monthly frequency. Given quarterly series of CU-IND we convert the monthly series of CI-IND into quarterly series. The quarterly values of CI-IND are represented by three time series. The first one includes observations of CI-IND from the first month of every quarter $\text{CI-IND}_{1,t-i}$, the second one includes observations form the second month of every quarter $\text{CI-IND}_{2,t-i}$ and the third one form the third month of every quarter $\text{CI-IND}_{3,t-i}$.

Figure 5
Euro area industrial confidence and capacity utilization in manufacturing sector

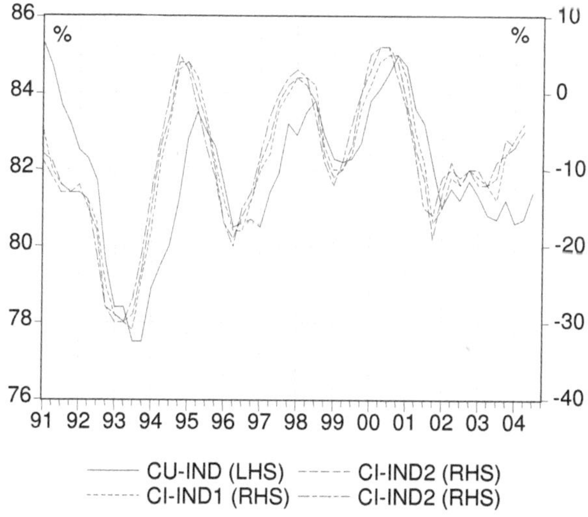

Source: Own calculation and elaboration with European Commission (DG ECFIN) data.

Judging by Figure 5 the industrial confidence indicator (CI-IND) indicates some leading character to the CU rate (CU-IND). The leading character of industrial confidence indicator relative to CU rate is confirmed by correlation coefficients obtained for the period Q1 1985 – Q2 2003 (see Table 1).

Table 1 indicates that at the second lag ($i = 2$) in $\text{CI-IND}_{3,t\text{-}i}$ the highest correlation with the CU-IND, about 0.90, is to find out. Such a high correlation is for us not surprising. The explanation of this phenomenon may lay in the nature of confidence indicator. Charring out a specific business activity is always leaded by a certain opinionbuilding in form of sentiment, expectations or confidence (Santero and Westerlud 1996). The statement about capacity utilization is a statement about current activity level and current activity, according to the authors, is a result of previous expectations. Therefore such a strong correlation at second lead exists between these two indicators.

Table 1
Correlation coefficients between euro area industrial confidence and capacity utilization in manufacturing sector

Lag (i)	CU-IND and $\text{CI-IND}_{1,t\text{-}i}$	CU-IND and $\text{CI-IND}_{2,t\text{-}i}$	CU-IND and $\text{CI-IND}_{3,t\text{-}i}$
0	0.80	0.76	0.69
1	0.90	0.88	0.84
2	0.89	0.89	0.90
3	0.80	0.84	0.86

Source: Own calculation and elaboration with European Commission (DG ECFIN) data.

In addition to correlation analysis, we estimated the CU-IND with respect to the industrial confidence indicator for the period Q1 1985 – Q2 2003. The results of the regression are given in Table 2.

Table 2
Regression results for industrial capacity utilization in the area

Dependent Variable: $CU\text{-}IND_t$
Method: Least Squares
Sample (adjusted): Q3 1986 – Q2 2003
Included observations: 72 after adjusting endpoints

Variable	Coefficient	Std. Error	t-Statistic	Prob.
Constant	32.39	5.328	6.08	0.00
$CI\text{-}IND_{3,t-2}$	0.085	0.01	6.08	0.00
$CU\text{-}IND_{t-i}$	0.61	0.06	9.64	0.00
R-squared	0.91	Mean dependent var	82.36	
Adjusted R-squared	0.91	S.D. dependent var	1.98	
S.E. of regression	0.57	Akaike info criterion	1.76	
Sum squared resid	22.70	Schwarz criterion	1.86	
Log likelihood	-60.62	F-statistic	390.60	
Durbin-Watson stat	1.21	Prob(F-statistic)	0.00	

Source: Own calculation and elaboration with European Commission (DG ECFIN) data.

It can be seen that the significance and the quality of estimation is very good, when looking at t-statistics, F-Statistics, R^2. There is also some effect of an inertion. A period of high-level capacity utilization is followed by periods of high level of capacity and vice versa. Current CU rate in the euro area depends on the last quarter CU rate by $\alpha = 0.61$ (coefficients on $CU\text{-}IND_{t-1}$), i.e. 61% of the previous quarter CU level is transmitted to the next quarter.

Given the significance of industrial confidence indicator ($CI\text{-}IND_{3,t-2}$) in explaining CU rate in manufacturing industry (high t-statistics) and its leading character (2 quarters, i.e. the level of CU in the first quarter depends on the confidence level in industry in September), the question raises why the confidence indicator cannot be used as a proxy for the industrial output gap in the euro area. The answer is linked to the nature of every confidence indicator. It is a subjective opinion building before the activity is taken. In our view, the solidity of assessments of future business activities is much lower than the assessment of current capacity levels. Therefore we focus in our analysis on the data on CU rate in manufacturing sector and not on the industrial confidence indicator.

The lack of the data on CU rate in services and the strong relation between industrial confidence and CU rate in manufacturing sector force to the use of transformed series of the services confidence indicator as a proxy for CU rate in services. Monthly series of the CI-SER and parameters from the estimation presented in Table 2 are used to construct the quarterly series of capacity utilization index in services (CU-SER). The level of CU in services in the fourth quarter 1995 is equal to the level of CU in manufacturing sector in this quarter and amounts to 82.5%. The second quarter's value of

$$CU - SER_t = 32.4 + 0.085CI - SER_{3,t-2} + 0.61SCU - SER_{t-1}$$

and this formula is used recursively to compute the index levels for each quarter that data are available (see Figure 6).[2]

Figure 6
Euro area services confidence and capacity utilization

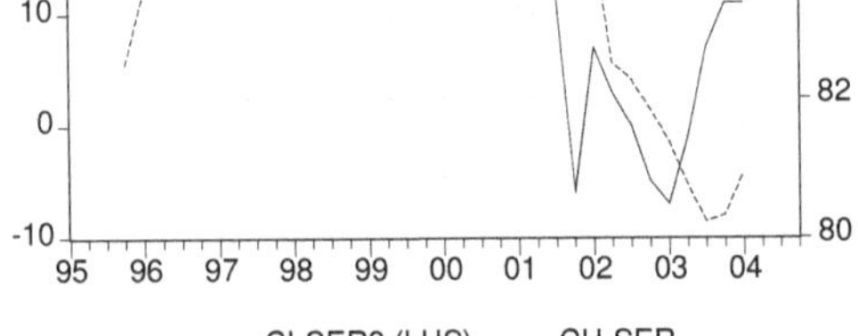

Source: Own calculation and elaboration with European Commission (DG ECFIN) data.

2 In the first version of the composite index of capacity utilization for the overall euro area activity the quarterly values of services confidence indicator were approximated by 3-months average (see Grzęda Latocha and Nerb 2004).

The construction of the composite index of capacity utilization for the overall economy follows the conventional National Bureau of Economic Research (NBER) methodology. The same methodology is used by the European Commission in construction of economic sentiment indicator (EC 2003).

The basic steps in constructing the composite indicator involve transformation of each series, standardization of each transformed series using standardization factors, and combination of the standardized series into a raw index. The raw index is adjusted for trend and finally re-based.

Step 1

In the first step quarter-to-quarter changes are calculated for each component according to the formula in equation (1):

$$V_{i,t} = X_{i,t} - X_{i,t-1} \quad (1)$$

where $V_{1,t}$ indicates CU-IND, $V_{2,t}$ – CU-SER. Such a transformation will result in the stationarity of cyclical amplitude.

Step 2

In the next step the amplitude of changes is adjusted. To prevent the more volatile component series from dominating the index, the quarterly changes for each component are standardized. The standardization in this case is performed by dividing the changes calculated in the first step by the standardization factor represented by arithmetic average, like in equation (2):

$$W_{i,t} = \frac{V_{i,t}}{\overline{V}_i} \quad (2)$$

where $\overline{V}_i = \frac{1}{k}\sum_{t=1}^{k}\left|V_{i,t}\right|$.

For CU-IND in industry the average was calculated for the period Q2 1985 – Q2 2003, for CU-SER the for the period Q1 1996 – Q2 2003.

Step 3

The capacity utilization for the overall euro area economic activity is an aggregate generated by each of the components. In order to construct this composite index we must asses the weights for each of the components. The weights measure the relative importance of each sector to the total economy. While there are several different ways of measuring the relative importance of each sector, we used as weights the share of every sector in value added. So the weight 0.7, $weight_1$ = 0.7, and the manufacturing sector 0.3, $weight_2$ = 0.7 have been given, and the new series has been calculated according to formula (3), with restriction

.

$$Z_{i,t} = W_{t,t} * weight_i \tag{3}$$

Given the weights, component series are aggregated into one single index using the method in equation (4):

$$U_t = \frac{1}{n} \sum Z_{i,t} \tag{4}$$

where n=1 the sample Q2 1985 – Q4 1995, where only the data on CU in manufacturing sector are available. For the next period, n = 2, because both series are available. The monthly percent change in the index is the simple sum of the adjusted changes for each component.

Step 4

In the next step the amplitude of component index is adjusted. As in the step 2, to avoid high volatile index the quarterly changes of the index are standardized by own average from the period Q2 1985 – Q2 2003, according to formula (5).

$$U_{it,t}' = \frac{U_t}{\overline{U}_t} \tag{5}$$

Step 5

The level of the composite index is computed using the symmetric percent change formula. The first quarter's value is 80.1%. This value is equal to the industrial capacity utilization rate in Q1 1985. The second quarter's value $i_2 = i_1[(200+i_2)/(200-i_2)])$ and this formula is used recursively to compute the index levels for each month that data are available. Figure 7 shows the composite index of capacity utilization for the overall euro area economy in comparison with series used for its construction.

Figure 7
Capacity utilization in the overall euro area economy

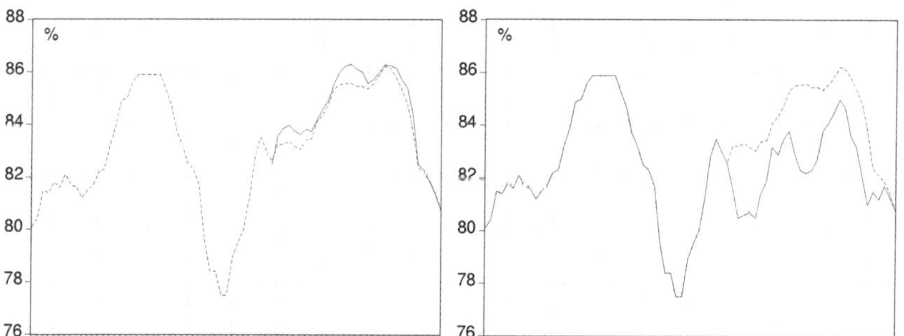

Source: Own calculation and elaboration with European Commission (DG ECFIN) and Eurostat data.

The new composite indicator of capacity utilization is a summary statistics of the components indicators. The pattern of this indicator is quite similar with CU in manufacturing sector, except the period 1996–2003, when the data on services confidence indicator are available and enter into the composite index with a high weight of 70 %. We think that the new measure of CU may be representative for the whole economy.

4. Business Cycle Analysis

In this section we compare the indicator of capacity utilization in manufacturing sector (CU-IND) and in the overall economy (CU-ECN) with conventional measures of output gap, whether there are some common stylized facts about business cycle in the euro area. Into consideration are taken 2 conventional measures of output gap:

- Logarithmic difference between real GDP and its potential value estimated using the HP filter (GDP-HP);
- Logarithmic difference between real production in manufacturing sector and its potential value estimated using HP filter (PRO-HP) (see Figure 8).

The first step of business cycle analysis is determination whether the output gap in the euro area shows at least cyclical (recurrent) behavior (see Zarnovitz 2004). Autocorrelation function is a useful tool to investigate this aspect. It should be negative at any specific lag. Figure 9 shows autocorrelation functions for selected measures of output gap in the euro area. All indicators show cyclical behavior. The autocorrelation for the CU-ECN becomes zero at lag 10 in case of the and at lag 5 in case of the GDP-HP. However the CU-ECN implies a relatively longer cycle than the GDP-HP.

Figure 8
The euro area business cycle

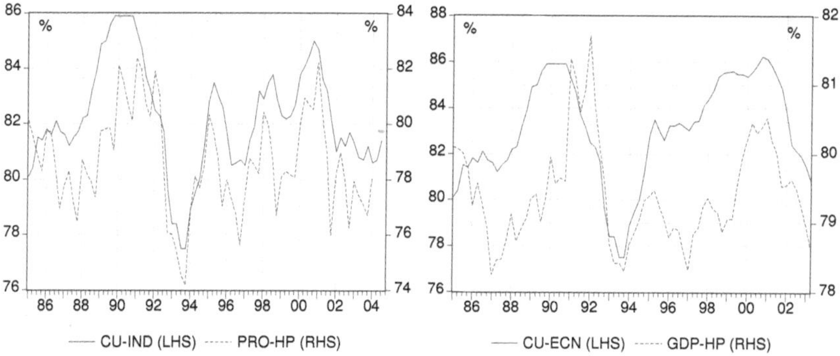

Note: Q1 1985=80.1%.

Source: Own calculation and elaboration with European Commission (DG ECFIN) and Eurostat data.

Figure 9
Cyclical behavior of output gap in the euro area

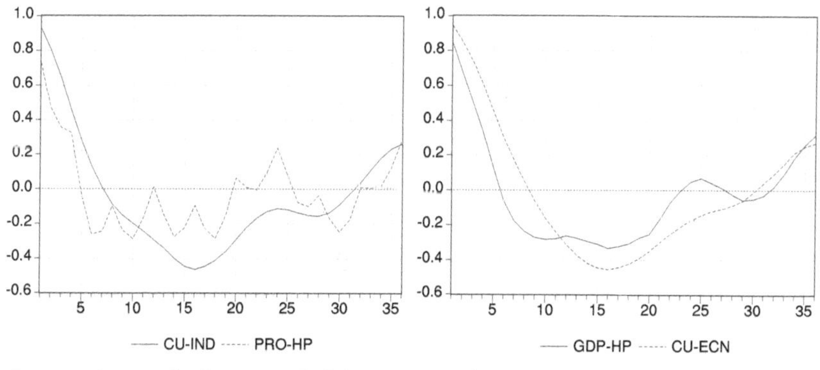

Source: Own calculation and elaboration with European Commission (DG ECFIN) and Eurostat data.

In the next step, given our four series of output gap in the euro area, we determine turning points in the business cycle. The standard method is to apply the Bry-Boschan algorithm (see Zarnovitz, Ozyildirim 2002).

Table 3
Turning points of the business cycle in the euro area

	CU-IND	CU-ECN	GDP-HP	PRO-HP
		Turning points		
Up	Q4 1990	Q4 1990	Q1 1992	Q1 1991
Down	Q4 1993	Q4 1993	Q4 1993	Q4 1993
UP	Q2 1995	Q2 1995	Q2 1995	Q1 1995
Down	Q1 1997	Q4 1995	Q1 1997	Q4 1996
Up	Q3 1998	Q2 1999	Q1 1998	Q1 1998
Down	Q2 1999	Q1 2000	Q4 1998	Q4 1998
Up	Q4 2000	Q4 2000	Q1 2001	Q1 2001
		Length of business cycle phases in quarters		
Down	12	12	7	11
Up	6	6	6	5
Down	7	2	7	7
Up	6	14	4	5
Down	3	3	3	7
Up	6	3	5	5
		Length of business cycle in quarters		
1. cycle	18 (Q4 1990 – Q2 1995)	18 (Q4 1990 – Q2 1995)	13 (Q1 1992 – Q2 1995)	16 (Q1 1991 – Q1 1995)
2. cycle	13 (Q2 1995 – Q3 1998)	16 (Q2 1995 – Q2 1999)	11 (Q2 1995 – Q1 1998)	12 (Q1 1995 – Q1 1998)
3. cycle	9 (Q3 1998 – Q4 2000)	6 (Q2 1999 – Q4 2000)	8 (Q1 1998 – Q1. 2001)	12 (Q1 1998 – Q12001)

Source: Own calculation and elaboration with European Commission (DG EC-FIN) and Eurostat data.

Table 3 reveals following features of the business cycle in the euro area. According to the GDP-HP, the euro area economy fell into recession in Q1 1987 accompanied by stock market crash of October 1987. The period from 1987 to 1992 is a period of economic expansion. The next recession according to GDP-HP came in Q1 1992. Like Agresti and Mojon (2001) state, 1992–1993 was the most severe recession of the post WW II era for many European countries. The recovery from that crisis took almost 6 quarters. While the conventional statistics implies the peak in the economy in Q1 1992, the survey data show a peak in economic activity already in Q4 1990. The euro area economy went into a deep recession in the end of the year 1990 according to the these data. Since survey data do not rely on an estimation they may be seen as a benchmark for the turning point (Chagny and Döpke 2001). Therefore the through peak could have been even in Q4 1990.

The euro area economy has undergone three complete business cycles (from peak to peak) during the years 1985–2003. Figure 8 also illustrates that the new composite indicator provides a reasonable coincident or even leading indicator of the euro area business cycle. Many studies confirm the leading character of business survey data (see Matkowski 2000, Nerb et al. 1999). There is statistical evidence on the leading character of new indicator in relation to the benchmark (see Table 4). There is also a good reason to assume also that the business survey data have additionally an informational lead as the official GDP data are published, as a rule, with a rather long time lag and are subsequently often revised substantially. Thus, the critique of Orphanides (1997) that there are no real time data for the output gap available when setting interest rates by the central banks can be rejected.

Table 4
Correlation coefficients between selected output gap measures for the euro area

i	Sample: Q1 1991 – Q2 2003	
	PRO-HP – $CU\text{-}IND_{t-i}$	GDP-HP – $CU\text{-}ECN_{t-i}$
0	0.78	0.43
1	0.74	0.49
2	0.65	0.51
3	0.52	0.53
4	0.37	0.52

Source: Own calculation and elaboration with European Commission (DG ECFIN) and Eurostat data.

A second important aspect of business cycle analysis is cyclical volatility, measured as the standard volatility of output gap. It is clear that alternative measure of output gap CU-ECN leads to markedly different estimates of cyclical volatility, particularly across three identified cycles. It is due the fact that the new indicator demonstrates by a comparison to GDP in higher degree the development in services which react different as manufacturing to economic shocks. Lower volatility of output may reflect lower standard deviation of output shocks, or the dynamic process through which these shocks affect output (Blanchard, Simon 2001). Given the autocorrelation functions presented earlier we advocate the second reason. The autocorrelation is high and almost the same at the first lag for both measures of output gap, CU-ECN and GDP-HP, but for CU-ECN it decays slower reaching zero by the 10 quarter. It means, the decrease in CU_ECN volatility appears to come from increase in persistence of the effects of these shocks on output (see Table 5).

The next important aspect is the amplitude of the business cycle. The extent of excess capacity utilization measured by the composite index appears to be substantially lower than that implied by GDP-HP. The amplitude of the decline phase of the second cycle approximated with CU-ECN is about 0.3 bp lower than approximated with GDP-HP. The amplitude of the decline phase of third cycle seems to be also lower for business cycle approximated by CU-ECN. However survey based figures indicate a higher average level of capacity utilization. The same observations have been made by Christiano (1981). He found that survey-based measures tend to indicate a higher level of output gap than those based on quantitative statistics. The lower level of output gap may be attributed to the fact that the conventional statistics underestimate the real value added in services and therefore the real value for the whole economy, so the new composite index may be a more reliable measure of business cycle in that time (see Table 5).

Table 5
Features of business cycle in the euro area

Output gap measures	Mean	Amplitude Growth Phase	Amplitude Decline Phase	Volatility	Variation	Skewness	Kurtosis
			1. cycle				
CU-IND	81.40	6.00	8.40	2.65	3.26	0.04	1.78
CU-ECN	81.40	6.00	8.40	2.65	3.26	0.04	1.78
GDP-HP	79.18	1.16	3.41	1.18	1.49	1.18	3.59
PRO-HP	78.50	6.20	8.20	2.70	3.44	-0.09	1.71
			2. cycle				
CU-IND	82.10	3.30	3.30	1.23	1.50	-0.12	1.46
CU-ECN	83.95	2.97	0.90	1.03	1.22	0.58	1.80
GDP-HP	78.90	1.03	1.14	0.33	0.41	-0.31	2.54
PRO-HP	78.20	4.70	4.70	1.41	1.80	0.02	2.29
			3. cycle				
CU-IND	83.40	2.80	1.60	1.00	1.20	0.24	1.65
CU-ECN	85.60	0.86	0.22	0.30	0.35	1.10	2.92
GDP-HP	79.70	1.60	0.60	0.61	0.77	0.10	1.34
PRO-HP	79.40	5.40	3.80	1.54	1.94	-0.01	2.15

Source: Own calculation and elaboration with European Commission (DG ECFIN) and Eurostat data.

The skewness and kurtosis estimates show important deviations from normality (the normal distribution has a skewness of 0 and a kurtosis of 3) (see Table 5). Kurtosis in excess of around 3.00 for GDP-HP and CU-ECN (all cycles) indicates that there are frequent "large" changes the time series. This statistics show some nonlinearity in the processes. Macroeconomic time series are non-normal when business cycle shocks or monetary policy shocks have asymmetric effect on output gap (Ravn, Sola 2004).

The analysis shows that business cycle facts are very sensitive to measure of output gap employed. The cyclical profiles of the survey-based figures and the conventional output gap measures are quite different. Since there is no true measure of output gap this fact is in favor of using survey data on output gap in business cycle analysis in this stage of analysis. If survey-based indicators of output gap will perform better in inflation analysis than conventional measures, then we can establish them as superior.

5. Summary

In our paper we propose a survey based measure of output gap for business cycle analysis. Given the fact that official GDP data are published, as a rule, with a rather long time lag and are subsequently often revised substantially the survey measure of output gap could be the most timely indicator for monetary policy. However, as experience in the last years has shown that the cyclical variability of the service sector has increased, it is proposed to use a more comprehensive measure of capacity utilization. The new composite indicator is a summary statistics of the components: (1) capacity utilization rate in manufacturing and (2) capacity utilization rate in services. The capacity utilization index in services has been obtained from services confidence indicator using a special econometric procedure of transformation.

The question we posed was, whether monetary policy should focus on this alternative indicator of output gap, when assessing business cycle stance. Although there is no true measure of output gap we introduced for comparison purposes conventional measures of output gap: logarithmic difference between real GDP and potential GDP obtained from HP-filter and logarithmic difference between real production in manufacturing sector and its potential value estimated using HP filter.

Particularly, we have found that:

- The cyclical profiles of the survey-based figure and conventional output gap measure are quite different in the period Q1

1985 – Q2 2003. The survey based composite indicator appears to indicate lower magnitude and volatility of the business cycle in the euro area than the conventional measure.

- There is also a statistical evidence on the sustainable leading character of the survey measure in relation to conventional measure. Survey data can be considered sometimes as early warning indicator. They composite index of capacity utilization indicated earlier the recession of 1993 than the conventional measure.

References

Agresti, A.-M. and B. Mojon (2001), Some Stylized Facts on the Euro Area Business Cycle, ECB Working Paper No. 95.

Blanchard, O. J. and J. Simon (2001), The Long and Large Decline in U.S. Output Volatility, MIT Dept. of Economics Working Paper No. 01-29.

Canova, F. (1998), Detrending and Business Cycle Facts, Journal of Monetary Economics, 41, 475–512.

Chagny, O. and J. Döpke (2001), Measures of the Output Gap in the Euro-Zone: An Empirical Assessment of Selected Methods, Vierteljahrshefte zur Wirtschaftsforschung, 70, 310–330.

Christiano, L. (1981), A Survey of Measures of Capacity Utilization, IMF Staff Papers, 28, 144–198.

De Brouwer, G. (1998), Estimating Output Gaps, Economic Research Department Reserve Bank of Australia Discussion Paper No. 9809.

Diewert, W. E. and K. J. Fox (1998), The Productivity Paradox and Mismeasurement of Economic Activity, paper presented at the Eighth International Conference: Monetary Policy in a World of Knowledge-based Growth, Quality Change and Uncertain Measurement, Bank of Japan, Tokyo (May).

Dupasquier, C. et al. (1997), A Comparison of Alternative Methodologies for Estimating Potential Output and the Output Gap, Bank of Canada Working Paper No. 97-5.

Economic Policy Committee (2001), Report on Potential Output and Output Gap.

Ehrmann, M. and M. Ellison (2001): The Changing Response of US Industry to Monetary Policy, mimeo.

European Central Bank (2003), Monthly Bulletin.
European Commission (1997), The Joint Harmonised EU Programme of Business and Consumer Surveys, European Economy No. 6.
European Commission (2003), The Joint Harmonized EU Programme of Business and Consumer Surveys: User Guide.
Gibbs, D. (1995), Potential Output: Concepts and Measurement, Labour Market Bulletin, 1, 72–115.
Grzęda Latocha, R. and G. Nerb (2004), Modelling Short-Term Interest Rates in the Euro Area Using Business Survey Data, Journal of Business Cycle Measurement and Analysis, 1(1), OECD, 43–69.
Kenessey, Z. E. (1990), Industrial Production and Capacity Utilization, [in:] Macroeconomic Data: A User's Guide, Federal Reserve Bank of Richmond, 14–16.
Kenny, G. (1996): Capacity Utilization in Irish Manufacturing, Technical Paper 96/3, Central Bank of Ireland.
Kirkely, J. and D. Squires (1999), Measuring Capacity and Capacity Utilization in Fisheries, [in:] D. Greboval (ed.), Managing Fishing Capacity: Selected Papers on Underlying Concepts and Issues, FAO Fisheries Department, Rome.
Laliberté, L. et al. (2004), Data Quality: A Comparison Of IMF's Data Quality Assessment Framework (DQAF) and Eurostat's Quality Definition, Work in Progress on Economic Data Quality by the IMF Staff, wersja online.
Lindlbauer, J. D. (2000), Capacities and Capacity Utilisation from the Ifo Business Survey – Knowledge and Background, [in:] Use of Survey Data for Industry, Research and Economic Policy, eds. K.H. Oppenländer, G. Poser, B. Schips, Aldershot.
Matkowski, Z. (2000), The Use of Survey Data in Economic Barometers for Poland, [in:] K.H. Oppenländer, G. Poser, B. Schips (eds.), Use of Survey Data for Industry, Research and Economic Policy, Ashgate, Aldershot, 131–149.
Morley, C. et al. (2003), Why Are The Beveridge-Nelson and Unobserved-Components Decomposition of GDP so Different?, The Review of Economics and Statistics, 85, 235–243.
Morrow, K. and W. Roeger (2001), Potential Output: Measurement Methods, "New Economy" Influences and Scenarios for 2001–2010 – A Comparison of EU 15 and the US, Economic Papers No. 150, European Commission, Brussels.
Nerb, G. et al. (1999), Creating a Leading Indicators and Financial Warning System for the Turkish Economy, Republic of Turkey, Prime Ministry, Undersecretaries of Treasury.
OECD (2000), Measuring Real Value Added in Service Activities: Experience in OECD Countries.; Asian Development Bank United Nations Economic and Social Commission for Asia and the Pacific Joint ADB/ESCAP Workshop

on Rebasing and Linking of National Accounts Series, 21–24 March 2000, Bangkok, Thailand.

Orphanides, A. (1997), Monetary Policy Rules based on Real-Time Data, Federal Reserve Board Working Paper 1998-3.

Orphanides, A. and S. van Norden (2002), The Reliability of Output Gap Estimates in Real Time, Review of Economics and Statistics, 84, 569–583.

Plosser, C.I. (1999), Has the Productivity Boom Finally Arrived?, Shadow Open Market Committee Meeting September 26–27, 1999, Washington, D.C.

Ravn, M.O. and M. Sola (2004), Asymmetric Effects of Monetary Policy in the United States, The Federal Reserve Bank of St. Louis Review, 86, 41–60.

Santero, T. and N. Westerlund (1996), Confidence Indicators and their Relationship to Changes in Economic Activity, OECD Economics Department Working Paper No. 170.

Shaik, A. (1999), Explaining the Global Economic Crisis – Data Appendix, http://homepage.newschool.edu/~AShaikh/brendata.pdf/.

Shapiro, M. (1989), Assessing the Federal Reserve's Measures of Capacity and Utilization, Brookings Papers on Economic Activity, 1, 181–241.

Zarnovitz, V. (2004), Business Cycles, [in:] Z. Matkowski (ed.), Composite Indicators of Business Activity for Macroeconomic Analysis, Papers and Proceedings Research Institute of Economic Development, Warsaw School of Economics, Warsaw, 11–25.

Zarnovitz, V. and A. Ozyildirim (2002), Time Series Decomposition and Measurement of Business Cycles, Trends and Growth Cycles, NBER Working Papers, 8736.

Fredy Hasenmaile*

Die Regionalanalyse am Beispiel des Fürstentums Liechtenstein

Die Regionalanalyse widmet sich in umfassender Art und Weise der Struktur und den Perspektiven regionaler Räume. Unterschiedliche natürliche Voraussetzungen, über Jahrzehnte gewachsene, lokale Besonderheiten und unterschiedliche hoheitliche Strukturen sorgen für regional sehr ungleiche wirtschaftliche Entwicklungen. Ein gutes Beispiel, wie heterogen sich auch benachbarte Regionen, trotz ähnlichen Grundvoraussetzungen, entwickeln können, ist das Fürstentum Liechtenstein. Einzelne Indikatoren über Wohlstand und Leistungskraft einer Region vermögen die zum Teil komplexen Zusammenhänge alleine nicht adäquat abzubilden und vermitteln ein unvollständiges Bild. Erst die umfassende Berücksichtigung aller am Prozess der wirtschaftlichen Leistungserstellung beteiligter Parameter ermöglicht einen Wissensstand, der für die Ableitung von Handlungsrichtlinien und die Beantwortung von weitergehenden Fragestellungen notwendig ist. Vorliegender Bericht gibt einen groben Überblick über die Bestandteile einer Regionalanalyse, wie sie sich in der Praxis herausgebildet haben.

Keywords: Regional Analysis, Regional Economics, Locational quality

JEL-Code: R10, R20, R30, R40, R51

* Fredy Hasenmaile, Senior Economist, Credit Suisse Economic Research, Zürich, Schweiz, E-mail: fredy.hasenmaile@credit-suisse.com. Der Beitrag stellt eine Zusammenfassung der Studie „Fürstentum Liechtenstein – Struktur und Perspektiven" dar. Die Studie ist abrufbar auf dem Internet unter: http://www.credit-suisse.com/research (Linke Navigationsliste ➤ Publikationen ➤ Swiss Issues ➤ Swiss Issues Regionen).

1. Einleitung

Die Regionalanalyse widmet sich in umfassender Art und Weise der Struktur und den Perspektiven regionaler Räume. Unterschiedliche natürliche Voraussetzungen, über Jahrzehnte gewachsene, lokale Besonderheiten und unterschiedliche hoheitliche Strukturen sorgen für regional sehr ungleiche wirtschaftliche Entwicklungen. Ein gutes Beispiel, wie heterogen sich auch benachbarte Regionen, trotz ähnlichen Grundvoraussetzungen, entwickeln können, ist das Fürstentum Liechtenstein.

Einzelne Indikatoren über Wohlstand und Leistungskraft einer Region vermögen die zum Teil komplexen Zusammenhänge nicht adäquat abzubilden und vermitteln ein unvollständiges Bild. Erst die umfassende Berücksichtigung aller am Prozess der wirtschaftlichen Leistungserstellung beteiligter Parameter ermöglicht einen Wissensstand, der für die Ableitung von Handlungsrichtlinien und die Beantwortung von weitergehenden Fragestellungen notwendig ist. Abbildung 1 gibt einen groben Überblick über die Bestandteile einer Regionalanalyse, wie sie sich in der Praxis herausgebildet haben.

Abbildung 1
Elemente einer Standortanalyse

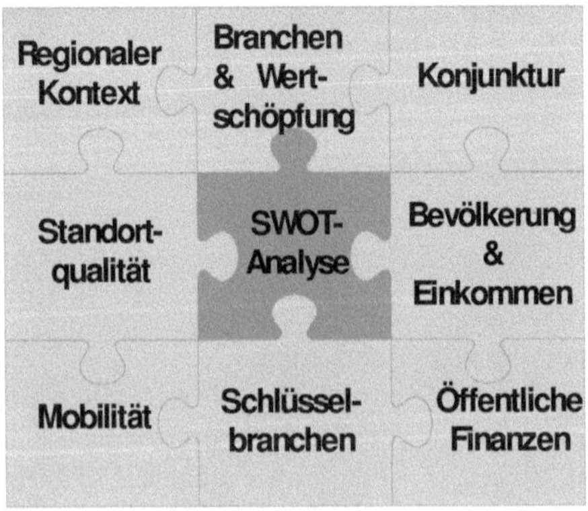

Quelle: Credit Suisse Economic Research.

Jede Region verfügt über ein Set von naturgegebenen Voraussetzungen, welche die wirtschaftliche Struktur und das daraus ableitbare Leistungspotential zu grossen Teilen vorgeben. In erster Linie stecken Lage und Topographie den Rahmen ab, innerhalb dessen die wirtschaftliche Entfaltung stattfindet. Zum regionalen Kontext zählen weitere Einflussfaktoren wie die Nähe zu umliegenden Zentren und deren Achsen, Arbeitsmarktpole und die Existenz von bedeutsamen Institutionen. Diese Einflussgrössen sind zwar nicht gottgegeben, sie sind jedoch nur langfristig veränderbar und entziehen sich zumeist dem Einflussbereich der Region. Das Fürstentum Liechtenstein geniesst als Nationalstaat in dieser Hinsicht über einen weitaus grösseren Handlungsspielraum, den der Kleinstaat in der Vergangenheit sehr aktiv und zu seinem Vorteil genutzt hat.

Noch vor über 80 Jahren war das kleine Land mausarm. Die Menschen lebten von der Landwirtschaft. Innerhalb nur weniger Jahrzehnte hat sich das Fürstentum vom unterentwickelten Bauernland zu einem der reichsten Staaten der Welt entwickelt. Mit einer Fläche von 160 km^2 und einer Einwohnerzahl von rund 34'000 ist das Fürstentum gerade mal halb so gross wie der Schweizer Kanton Schaffhausen. Die Kaufkraft liegt um rund die Hälfte höher als in der Schweiz und die Produktivität bewegt sich auf einem Niveau, das nur noch die Stadt Zürich erreicht, die nächstgelegene Metropole mit weltweiter Ausstrahlung. Wie kaum eine andere Zahl verdeutlicht der Beschäftigungsanteil der Landwirtschaft von 1,3 % die fortschrittliche Struktur des Landes. Offenbar standen in der Vergangenheit den einstigen Bauern mannigfaltige Alternativbeschäftigungen offen, die halfen, den Transformationsprozess zu beschleunigen. Der Strukturwandel in der Landwirtschaft kann damit weitgehend als bewältigt angesehen werden.

2. Die Konjunktur als Taktgeber

Grundsätzlich gilt: je kleiner eine Region, umso geringer sind deren Einwirkungsmöglichkeiten auf den Gang der Konjunktur. In der Rolle des Konjunkturnehmers ist Liechtenstein in hohem Mass abhängig von der konjunkturellen Entwicklung der Nachbarstaaten sowie der Weltwirtschaft. Die hohe Exportneigung Liechtensteins überträgt die weltwirtschaftlichen Impulse gradlinig auf die heimische Wirtschaft.

Um Informationen über den Konjunkturverlauf auf regionaler Ebene zu gewinnen, sind eigene Schätzungen notwendig. Da auf regionaler Ebene keine offiziellen Konjunkturdaten zur Verfügung stehen, werden aus den wenigen vorhandenen, regionalen Daten, die einen konjunkturellen Bezug aufweisen, die Informationen extrahiert und zu einem Konjunkturbarometer verdichtet. Als Konjunkturindikatoren eignen sich beispielsweise Import- und Exportzahlen, offene Stellen oder Neuzulassungen von Fahrzeugen. Das Konjunkturbarometer für Liechtenstein offenbart eine höhere Volatilität als dasjenige der Schweiz. Dahinter verbergen sich die zwangsläufig geringere Branchendiversifikation des Kleinstaates sowie die ausgeprägte Ausrichtung der Industrieerzeugnisse auf Investitionsgüter. Stärkere Konjunkturausschläge sind nicht zum vornherein als negativ zu werten. Einerseits müssen Sie als Preis für eine weitreichende Spezialisierung und Ausrichtung auf die komparativen Vorteile einer Region in Kauf genommen werden, die letztlich einen höheren Wachstumspfad ermöglichen. Andererseits sind sie nur dann schädlich, wenn aufgrund der Konjunkturschwankungen ineffiziente zumeist strukturerhaltende Massnahmen beschlossen werden oder wenn aufgrund fehlender institutioneller Schranken das staatliche Ausgabengebaren überbordet und es zu einer Aufblähung des Staatsapparates kommt. Solange sich Konjunkturtiefs in verhältnismässig milden Rezessionen mit BIP-Reduktionen im tiefen einstelligen Bereich niederschlagen, können sie auch als heilsames Korrektiv von Übertreibungen in Boomphasen oder als Fitnesstest betrachtet werden – auch wenn sie auf Einzelbetriebs- oder Einzelpersonenebene mit durchaus schmerzhaften Prozessen verbunden sind. Im Fürstentum Liechtenstein hat die konjunkturelle Schwächephase in den Jahren 2001 und 2002 eine strukturelle Arbeitslosigkeit zu Tage gefördert, die wohl bereits länger bestand, aber erst durch die Stagnationsphase zum Vorschein kam.

3. Die Standortqualität als langfristige Basis jedes wirtschaftlichen Wachstums

Die Pflege der Standortfaktoren ist aufgrund der gestiegenen Substitutionskonkurrenz zwischen Regionen und Ländern wichtiger geworden. Länder, Regionen oder Kommunen konkurrieren im Standortwettbewerb um Einkommenssteuern und Konsumausgaben der privaten Haushalte, um touristisch motivierte Besucher, besonders aber um Investoren, Arbeitsplätze und entsprechendes Steueraufkommen. Nicht alle Standortfaktoren lassen sich quantifizieren. Für die jeweils meistgenannten Standortkriterien wie die Verfügbarkeit von qualifizierten Arbeitskräften, die steuerliche Abgabenlast und die Verkehrsanbindung lassen sich hingegen objektive Messgrössen herleiten und zu einer Aussage über die Standortqualität verdichten. Im Vergleich zur Schweiz vermag sich Liechtenstein sehr gut zu positionieren. Nur gerade zwei Schweizer Kantone schneiden bezüglich Standortqualität besser ab als das Fürstentum. Im Vergleich mit den umliegenden Regionen sticht die Standortqualität Liechtensteins deutlich hervor und kann sich mit den führenden Regionen der Schweiz messen. Eine gewisse Einseitigkeit des Ergebnisses kann allerdings nicht verborgen bleiben, beruht doch das gute Abschneiden zu weiten Teilen auf der steuerlichen Attraktivität des Fürstentums sowohl für natürliche als auch für juristische Personen. Das weitsichtige und geschickte steuerpolitische Agieren des Kleinstaates, hat dem Land einen zugkräftigen Standortvorteil beschert.

Die etwas periphere Lage Liechtensteins drückt sich in einer bloss durchschnittlichen, verkehrstechnischen Erreichbarkeit aus. Die direkt angrenzenden Regionen auf Schweizer Gebiet weisen mit Ausnahme des St. Galler Rheintals jedoch einen tieferen Wert auf. Die Infrastruktur innerhalb des Landes, die gute Anbindung an das schweizerische Autobahnnetz und die Nähe zum Bahnknotenpunkt Sargans sind verantwortlich dafür, dass die Nachteile, welche Liechtenstein aus der peripheren Lage einiger Gemeinden und dem Mangel an bedeutenden Ballungszentren erwachsen, teilweise aufgewogen werden.

Als Schwachpunkt konnte ein nur unterdurchschnittlicher Ausbildungsstand der breiten Bevölkerung identifiziert werden. Dafür sind nicht in erster Linie schlechte Bildungsinstitute verantwortlich, sondern vor allem mangelnde Bereitschaft zur Aus- und Weiterbildung kombiniert mit fehlenden Anreizen. An diesem Punkt kristallisiert sich die Kehrseite eines einmal erreichten Wohlstandsniveaus heraus, das zur Trägheit verleitet. Als gewichtiger Nachteil hat sich die durchzogene Bildungsbilanz bisher nicht erwiesen, da Liechtenstein über den Import von Humankapital und Arbeitskräften aus den benachbarten Regionen die Nachfrage der heimischen Wirtschaft bisher ausreichend befriedigen konnte. Solange die liechtensteinische Wirtschaft weiterhin so erfolgreich operiert kann sie sich mittels attraktiver Arbeitnehmerentgelte den Produktionsfaktor Arbeit sichern. Voraussetzung dazu ist aber auch eine Verkehrsinfrastruktur, welche den täglichen Zustrom von Pendlern zu bewältigen vermag. Einer Lösung bedarf der steigende Anteil der Bevölkerung, dessen Qualifikationen den Ansprüchen der Arbeitgeber nicht mehr genügen.

Abbildung 2
Standortfaktoren im Überblick

Synthetischer Index, CH = 0

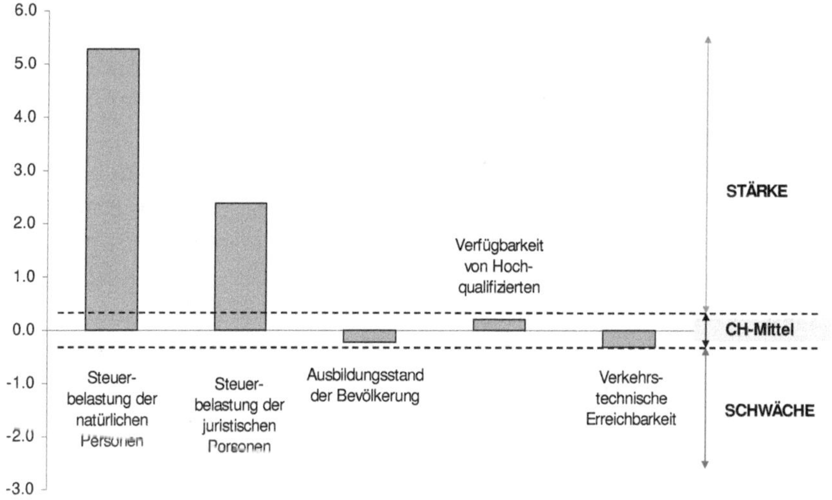

Quelle: Credit Suisse Economic Research.

4. Bevölkerungsstruktur und -entwicklung als massgebliche Einkommenstreiber

Eine Analyse der Struktur und Entwicklung der Bevölkerung ist für das Verständnis der Entwicklung von Einkommen, Steuersubstrat, gebundenen Ausgaben etc. unabdingbar. Sie kann auch als Indikator für die Attraktivität einer Region interpretiert werden. Liechtenstein verzeichnet eine verhältnismässig junge Bevölkerung. Alle Altersklassen bis 60 Jahre sind im Vergleich zur Schweiz übervertreten, der Anteil der älteren Altersklassen ist dementsprechend geringer. Die Bevölkerungsentwicklung liegt mit einer jährlichen

Rate von 1.3 % trotz restriktiver Zuwanderungspolitik rund doppelt so hoch wie in der Schweiz. Die Zuwanderung verteilt sich ziemlich gleichmässig über die einzelnen Altersklassen. Einzig die Bevölkerungskohorte zwischen 20 und 24 Jahren zeigt ein leicht schwächeres Wachstum, da in diesem Alter viele zu Ausbildungszwecken ins nahe Ausland wegziehen. Sie kehren jedoch umgehend wieder zurück, wie die höheren Raten der unmittelbar älteren Kohorten zeigen.

Wachstum und Struktur der Bevölkerung spielen neben der allgemeinen konjunkturellen Lage eine entscheidende Rolle für die Entwicklung der regionalen Einkommen. Das demographische Bild Liechtensteins schlägt sich folglich in der Entwicklung der Haushaltseinkommen nieder, die den Hauptteil des Volkseinkommens ausmachen. Bis zum Jahr 2006 kann gestützt auf die analysierte Bevölkerungsentwicklung ein Wachstum des Haushaltseinkommens von 2.1 % erwartet werden. Damit erzielt Liechtenstein im Vergleich mit den Schweizer Kantonen hinter Zug das zweitbeste Ergebnis.

5. Mobilität als Katalysator verschiedener raumrelevanter Prozesse

Das Fürstentum Liechtenstein hat in der Vergangenheit so viele Arbeitsplätze geschaffen, dass Arbeitskräfte zu einem der grössten Importposten wurden. Zwischen 1995 und 2001 betrug das Beschäftigungswachstum 28.9 %, was zum Ruf, ein Wirtschaftswunderland zu sein, beigetragen hat. Dagegen nehmen sich die 3.4 % der Schweiz eher bescheiden aus. 13'030 Erwerbstätigen aus allen umliegenden Regionen bot das Fürstentum im Jahr 2002 einen Arbeitsplatz an. Der Anteil der Zupendler an der Anzahl der Beschäftigten beträgt mittlerweile 42 % und steigt laufend weiter. In vielen Branchen ist ein weiteres Beschäftigungswachstum wegen des engen Arbeitsmarktes nur noch mittels Rückgriff auf Zupendler möglich. Beispielsweise haben das Kredit- und das Versicherungsgewerbe, aber auch verschiedene Industriebranchen die Beschäftigungszunahme zwischen 1997 und 2002 zu mehr als vier Fünfteln über Zupendler gedeckt. Die Abhängigkeit von ausländischen Arbeitskräften ist von Branche zu Branche sehr verschieden und rührt unter anderem auch daher, dass die Liechtensteiner selbst bevorzugt in der Verwaltung, dem Finanzsektor und dem Treuhand- und Wirtschaftsprüfungsbereich arbeiten. Mehr als die Hälfte der Zupendler stammt aus Österreich. Etwa 44 % sind aus der Schweiz und rund 3 % aus Deutschland. Das Grenzgängertum von Schweizern ist selten und trifft praktisch nur auf das Fürstentum zu. Von den landesweit ungefähr 7'000 Schweizer Grenzgängern pendelten im Jahr 2000 mehr als 5'000 nach Liechtenstein. Für die angrenzenden Wirtschaftsregionen hat sich damit das Fürstentum zu einem überregionalen Arbeitsmarkt entwickelt, dessen Dynamik auch ihnen Wohlstandsgewinne verschafft. Wohlstand und gute Arbeitsmöglichkeiten lassen die Bevölkerung des Kleinstaates stetig wachsen. Bestünde nicht eine strikte Vergabepraxis von Niederlassungsbewilligungen, die die Zuwanderung in engen Grenzen hält, würde das Wachstum um einiges höher ausfallen.

6. Branchenlandschaft bestimmt mittelfristig das Wertschöpfungswachstum

Nur wenige wissen, welche Bedeutung die Industrie in Liechtenstein hat. Neben dem Bankenplatz und dem Treuhandwesen ist sie ein wichtiger Pfeiler für die Wirtschaft des Landes. Mit einem Beschäftigungsanteil von über 47 % besitzt Liechtenstein einen der höchsten Industrialisierungsgrade in Europa. Die liechtensteinische Industrie ist fast vollständig vom Export abhängig und stark

Abbildung 5
Chancen-Risiko-Profil der Branchenstruktur in Liechtenstein

Kreisdurchmesser entsprechen dem Beschäftigungsanteil der Branche an der Gesamtbeschäftigung

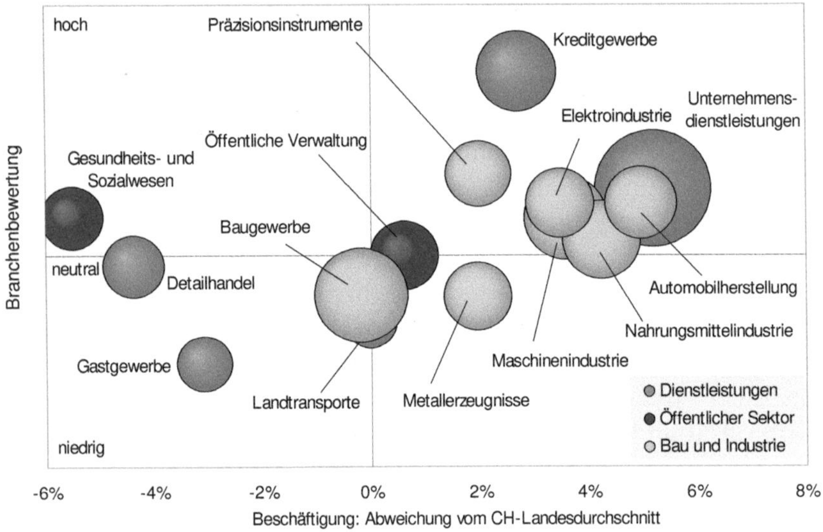

Quelle: Credit Suisse Economic Research; Bundesamt für Statistik (BFS), Betriebszählung.

auf Investitionsgüter der metallverarbeitenden Industrie ausgerichtet. Zudem besteht ein Rückgrat von international operierenden Unternehmen, was ein positives Umfeld für Zulieferfirmen schafft. Im Gegensatz zur Schweiz hat nicht nur die Spitzenindustrie sondern auch die traditionelle Industrie ihre Beschäftigung ausgeweitet, was auf ein erfolgreiches Besetzen von Nischen hindeutet.

Mit den beiden Branchen Finanz- und Unternehmensdienstleistungen besticht die übrige Wirtschaftstruktur durch eine starke Fokussierung auf wissensbasierte Dienstleistungen. Mit strukturellen Problemen behaftete Branchen wie die Landwirtschaft, das Gastgewerbe oder die Textilindustrie sind kaum existent oder können sich wie das Baugewerbe dank der dynamischen Entwicklung des Landes teilweise dem Strukturwandel entziehen. Aufgrund dieser sehr vorteilhaften, auf wertschöpfungsintensive Bereiche ausgerichteten Branchenstruktur ist das Wirtschaftswachstum in Liechtenstein höher als in der Schweiz. Positive Entwicklungsaussichten in den genannten Schlüsselbranchen lassen mittelfristig weitere Wertschöpfungszuwächse erwarten. Der fokussierte Einsatz der vorhandenen Ressourcen in nur wenigen Branchen ist allerdings auch mit Risiken behaftet, die in der schmalen Basis gewisser Branchen und der Unterrepräsentanz bestimmter Schlüsselbranchen wie beispielsweise dem Informatikbereich zu orten sind.

7. Öffentliche Finanzen bestimmen den staatlichen Handlungsspielraum

Alle politischen Entscheide spiegeln sich, wenn ihre finanziellen Konsequenzen offenbar werden, in den Haushaltsrechnungen der Gemeinwesen wider. Die Rechnungsabschlüsse stellen „Zahlen gewordene Politik" dar und vermitteln ein gutes Bild der Nachhaltigkeit der staatlichen Tätigkeit. Da der Handlungsspielraum eines Gemeinwesens weitgehend durch die Situation der öffentlichen Finanzen bestimmt wird, lohnt sich ein Blick auf Struktur und Entwicklung der Finanzen des Fürstentums zu werfen. Üblicherweise wird auch die Verschuldungssituation eines Gemeinwesens einer näheren Betrachtung unterzogen. Im Falle von Liechtenstein mit einem Reinvermögen von 1.7 Mrd. CHF erübrigt sich dies selbstredend. Die Ertragsentwicklung erweist sich als sehr schwankungsanfällig. Insbesondere die Gesellschaftssteuern und die Stempelabgaben unterliegen grossen Veränderungen. Ein konservatives Ausgabengebaren empfiehlt sich daher nur schon aufgrund der hohen Volatilität auf der Einnahmenseite.

Die üppigen Einnahmen des liechtensteinischen Staates haben zu einer stetigen Ausdehnung der staatlichen Leistungen geführt. Im Pro-Kopf-Vergleich mit einigen Regionen der Schweiz sind die Aufwendungen in der Mehrzahl der Aufgabenbereiche höher. Einzig für die Volkswirtschaft und das Gesundheitswesen wird in der Schweiz pro Kopf der Bevölkerung mehr ausgegeben, was mit hohen landwirtschaftlichen Subventionen und der ungünstigeren Altersstruktur der Schweizer Bevölkerung zu erklären ist. Mit durchschnittlich 2'570 CHF Nettoinvestitionen pro Kopf über die letzten fünf Jahre, was dem höchsten Wert im Vergleich mit der Schweiz entspricht, sichert Liechtenstein auch in Zukunft ein staatliches Leistungsangebot auf hohem Niveau. Solange der Staatshaushalt eine zumindest ausgeglichene Rechnung präsentiert, ist das hohe staatliche Leistungsangebot Ausdruck des erreichten Wohlstandes und nicht zu beanstanden. Die komfortablen Rahmenbedingungen reduzieren den Druck zu einem sparsamen Umgang der Mittel und legen nahe, der Effizienz der Staatstätigkeit die erforderliche Aufmerksamkeit zu schenken.

8. Fazit

Die bisherige Analyse attestiert dem Fürstentum Liechtenstein trotz oder vielleicht gerade wegen seiner Kleinräumigkeit eine wirtschaftlich ausnehmend starke Stellung. Das erreichte Niveau in Bezug auf Wertschöpfung, Produktivität und Wohlstand fällt eindrücklich aus. Die Chancen als unabhängiger und neutraler Nationalstaat, der seine Spielregeln selber bestimmen kann, hat Liechtenstein in der Vergangenheit aktiv genutzt. Eine sehr attraktive Steuergesetzgebung sowie ein liberales Gesellschaftsrecht mit striktem Bankgeheimnis zogen ausländische Firmen an und bildeten eine erhebliche Einnahmequelle für den Staat, der damit die Infrastruktur finanzieren konnte, die für eine moderne Branchenlandschaft notwendig ist. Die Stellung als Nischenplayer konnte ausgebaut und nahezu perfektioniert werden. Die Standortattraktivität ist ausreichend hoch, um auch auf lange Frist ein überdurchschnittliches Wachstum sicherzustellen. Als Begründung für den Erfolg wird immer auch die liberale und stabile Wirtschaftspolitik genannt, die versucht, in erster Linie gute Rahmenbedingungen zu schaffen und den Unternehmen möglichst viele Freiräume zu lassen. Als erfolgsfördernd hat sich mit dem Beitritt zum EWR auch die Öffnung des Landes gegenüber Europa erwiesen.

Trotz diesen beneidenswerten Resultaten ist nicht alles Spitze in Liechtenstein. Der konjunkturelle Abschwung zu Beginn des neuen Jahrtausends führte zu einem Wachstumseinbruch, was eine gewisse Überraschung auslöste. Es wurden Anstrengungen unternommen, um Aufschluss über die bestehenden Defizite zu erhalten, und es wurde ein Wirtschaftsleitbild erarbeitet. Ein Land auf dem Wohlstandsniveau von Liechtenstein ist angesichts des beständigen Wandels der Weltwirtschaft mit stetem Handlungsbedarf konfrontiert und gut beraten, sich nicht auf den Lorbeeren auszuruhen. Handlungsbedarf wurde bei der Erneuerung der Unternehmenslandschaft geortet. Der Ablösungsprozess der traditionellen Industrie durch technologieintensivere Industriebereiche erfolgt nicht mit dem gewünschten Tempo. Weil Daten über Innovationskraft und Erneuerungsfähigkeit der Wirtschaft fehlen, muss zuerst der Informationsstand verbessert werden, damit die zukünftige Weichenstellung nicht zu einem Blindflug wird. Weiter beruht die Standortqualität etwas einseitig auf einer rekordtiefen Steuerbelastung für natürliche Personen. Als alarmierend wurde der Ausbildungsstand der Bevölkerung gewertet. Dies könnte zum Standortnachteil werden, wenn man bedenkt, dass lebenslanges Lernen und stetig steigende Qualitätsansprüche angesagt sind. Betrachtet man den vergleichsweise hohen Grad an unqualifizierten Arbeitskräften, wird klar, dass es sich bei der jüngst stark erhöhten Arbeitslosigkeit in erster Linie um eine strukturelle Arbeitslosigkeit handelt, also um ein Auseinanderklaffen von nachgefragten und angebotenen Qualifikationen. Am schwierigsten für die Zukunft von Liechtenstein dürfte es sein, den wohlstandsgewohnten Bürgern die Notwendigkeit andauernder Anstrengungen zu vermitteln, um die erreichte Spitzenplatzierung in Zukunft verteidigen zu können.

Autorenverzeichnis

Herr Prof. Dr. Ansgar Belke, University of Duisburg-Essen, Department of Economics, Chair for Economics, especially Macroeconomics, D-45117 Essen, Deutschland, Tel.: ++49 201 1832277, Fax: ++49 201 1834181, E-Mail: ansgar.belke@uni-due.de.

Frau Dr. Sara Carnazzi Weber, Leiterin der Regionalanalysen, Credit Suisse Economic Research, Zürich, Schweiz, E-Mail: sara.carnazzi@credit-suisse.com.

Herr PD Dr. Michael Graff, Bereichsleiter Konjunktur, ETH Zürich, WEH, Konjunkturforschungsstelle, CH-8092 Zürich, Schweiz, Tel.: ++41 44 6324219, Fax: ++41 44 6321218, E-Mail: michael.graff@kof.gess.ethz.ch.

Herr Fredy Hasenmaile, Senior Economist, Credit Suisse Economic Research, Zürich, Schweiz, E-Mail: fredy.hasenmaile@credit-suisse.com.

Herr Dr. Jens M. Heine, ZEB/Rolfes.Schierenbeck Associates, D-48153 Münster, Deutschland, E-Mail: jheine@zeb.de.

Frau Dr. Renata Grzęda Latocha, Department of Econometrics, Institute of Econometrics and Statistics, University of Łódź, Poland, E-Mail: renata.grzeda@web.de.

Herr Prof. Dr. Carsten-Henning Schlag, Leiter der Konjunkturforschungsstelle Liechtenstein (KOFL) an der Hochschule Liechtenstein, Fürst-Franz-Josef-Strasse, FL-9490 Vaduz, Liechtenstein, Tel.: ++423 2651329, Fax: ++423 2651301, E-Mail: carsten.schlag@kofl.li.

Lorenz Küng

Evaluation wirtschaftspolitischer Programme

Methodische Grundlagen und deren Illustration am Beispiel der kantonalen Wirtschaftsförderung

Bern, Berlin, Bruxelles, Frankfurt am Main, New York, Oxford, Wien, 2007. 148 S.
Europäische Hochschulschriften: Reihe 5, Volks- und Betriebswirtschaft. Vol. 3269
ISBN 978-3-03911-438-2 br.
sFr. 38.– / € 26.20 / €** 27.– / € 24.50 / £ 15.90 / US-$ 31.95*

* inkl. MWSt. – gültig für Deutschland ** inkl. MWSt. – gültig für Österreich

Diese Arbeit gewann 2005 den Preis für die beste Masterarbeit des Jahres an der Wirtschafts- und Sozialwissenschaftlichen Fakultät der Universität Fribourg.

Der moderne Interventionsstaat greift auf vielfältige Weise in das wirtschaftliche Geschehen ein. Ein wichtiges Beispiel dafür ist die regionale Wirtschaftsförderung, die in der Schweiz vom Bund, allen Kantonen sowie einzelnen Regionen und Städten betrieben wird und für die z. B. die Europäische Union 2007 mit ca. 45 Mrd. Euro etwa 40 % ihres gesamten Budgets ausgibt.

Wie müsste eine Erfolgskontrolle aufgebaut sein, die eine umfassende und zutreffende Antwort auf die Frage gäbe, was man mit diesen staatlichen Interventionen eigentlich bewirkt? Mit dieser grundlegenden theoretischen und empirisch-methodischen Frage beschäftigt sich diese Studie. Ausgehend von der vollen Komplexität des Problems, bietet sie einen Raster, mit dessen Hilfe die zahlreichen vorhandenen Politikevaluationen eingeordnet, verglichen und hinsichtlich ihrer Aussagekraft analysiert werden können. Gleichzeitig liefert sie Entscheidungshilfen bei der Suche nach einem vertretbaren Kompromiss zwischen den theoretischen und ökonometrischen Anforderungen an eine saubere Evaluation einerseits und den verfügbaren Daten und Forschungsmitteln anderseits.

Aus dem Inhalt: Aufbau einer Erfolgskontrolle – Komplexität und ihre Reduktion – Partial- versus Totalanalyse – Kausalität – Mikroökonometrische Evaluation – Traditionelle ökonometrische Evaluation – Schätzmethoden der Programmevaluation – Effizienzkontrolle – Cost-Benefit-Analyse – Anwendungen auf die Erfolgskontrolle der Wirtschaftsförderung in der Schweiz.

András Inotai

The European Union and Southeastern Europe

Troubled Waters Ahead?

Bruxelles, Bern, Berlin, Frankfurt am Main, New York, Oxford, Wien, 2007.
414 pp., 83 tables
College of Europe Studies. Vol. 7
General Editors: Dominik Hanf, Dieter Mahncke,
Inge Govaere and Jacques Pelkmans
ISBN 978-90-5201-071-7 pb.
sFr. 73.– / € 50.20 / €** 51.60 / € 46.90 / £ 30.50 / US-$ 60.95*

* includes VAT – valid for Germany ** includes VAT – valid for Austria

The future of Southeastern Europe and connected EU policies are a much more important issue than just guaranteeing regional stability and sustainable modernization in the «backyard of Europe». The credibility of the EU, as a global «soft power» is at stake, with far reaching consequences on the future of the European integration, affecting both further enlargement and urgently needed deepening. The strategy oriented analysis commissioned by the Friedrich Ebert Foundation Budapest is based on an interdisciplinary approach with clear emphasis on economic issues, such as global, EU-related and intra-regional trade, foreign direct investments, labour market, migration and financial transfers. Domestic developments and EU relations of the individual Southeastern European countries are compared to each other and to the experience of other transforming countries of Central and Eastern Europe, already full members of the European Union. Special attention is paid to conditionality requirements, recent changes and ongoing dilemmas of the EU's strategy towards the Western Balkans in a critical period of the region, both regarding their different speed and quality of preparing for full-fledged membership and the potential consequences of the future status of Kosovo.

Contents: Institutional relations between the EU and Southeastern Europe – Basic features of macroeconomic performance in regional comparison. Achievements, barriers, policy dilemmas and tasks – Selected special issues influencing relations between the EU and SEE – Southeastern Europe and its international actors – Evaluation of the Key EU Approach to Southeastern Europe: The Politics of Conditionality – Agenda for the Future and Recommendations – Conclusions.

Michael Keating / James Hughes (eds.)

The Regional Challenge in Central and Eastern Europe

Territorial Restructuring and European Integration

Bruxelles, Bern, Berlin, Frankfurt am Main, New York, Oxford, Wien, 2003.
210 pp., num. tables and maps
Regionalism and Federalism. Vol. 1
General Editor: Michael Keating
ISBN 978-90-5201-187-5 / US-ISBN 978-0-8204-6606-4 pb.
sFr. 44.– / € 30.– / €** 30.80 / € 28.– / £ 18.– / US-$ 33.95*

* includes VAT – valid for Germany ** includes VAT – valid for Austria

Central and eastern European countries are undergoing internal transformations, to liberal democracy and the market economy. At the same time, they must meet the criteria for European integration. This book examines the territorial dimension of these challenges. Central and eastern Europe has its own distinct histories of territorial politics and state structures, which continue to influence the present. Like their western neighbours the countries of the region must confront a world in which politics and policy making are changing in scale, with the emergence of new local and intermediate levels. The market economy and free trade can lead to increasing economic disparities. National and ethnic minorities create a demand for local and regional devolution. The European Commission and other external agents have posed requirements for new administrative structures to manage European funding. All this creates a complex set of pressures to which the transition countries must respond. This book, by an international group of scholars, examines these challenges from a diversity of angles, historical, economic, political and institutional.

Contents: Michael Keating: Territorial Restructuring and European Integration – Daniele Caramani: State Administration and Regional Construction in Central Europe: A Comparative-Historical Perspective – Michael Keating: Regionalization in Central and Eastern Europe: The Diffusion of a Western Model? – James Hughes/Gwendolyn Sasse/Claire Gordon: EU Enlargement, Europeanisation and the Dynamics of Regionalisation in the CEECs – Martin Brusis: Regionalisation in the Czech and Slovak Republics: Comparing the Influence of the European Union – David Sadler: Production Systems and Uneven Development in East Central Europe: The Limits to Regional Economic Management – Harald Baldersheim/Pawel Swianiewicz: The Institutional Performance of Polish Regions in an Enlarged EU. How Much Potential? How Path Dependent? – Jan Buček: Balancing Functional and Ethnic Regionalisation: Lessons from Slovakia – Judy Batt: 'Fuzzy Statehood' versus Hard Borders: The Impact of EU Enlargement on Romania and Yugoslavia – James Hughes: Regional Convergence and Divergence in an Enlarged EU.

FSC
www.fsc.org
MIX
Papier | Fördert gute Waldnutzung
FSC® C083411

Kolibri 360 GmbH
Ferdinand-Jühlke-Straße 7
99095 Erfurt, Deutschland
produktsicherheit@kolibri360.de

Druck:
CPI Druckdienstleistungen GmbH
im Auftrag der
Kolibri 360 GmbH
Ferdinand-Jühlke-Str. 7
99095 Erfurt